P. von Radics

**Fürstinnen des Hauses Habsburg in Ungarn**

P. von Radics

**Fürstinnen des Hauses Habsburg in Ungarn**

ISBN/EAN: 9783742889454

Hergestellt in Europa, USA, Kanada, Australien, Japan

Cover: Foto ©ninafisch / pixelio.de

Manufactured and distributed by brebook publishing software
(www.brebook.com)

P. von Radics

**Fürstinnen des Hauses Habsburg in Ungarn**

# Fürstinnen

# des Hauses Habsburg

## in Ungarn.

❧

Zur Millenniums= und Huldigungsfeier.

Von

### P. von Radics.

Mit zehn Illustrationen.

Dresden, Leipzig und Wien.
E. Pierson's Verlag.
1896.

Die hl. Stephanskrone und b...
Aus dem Werke: „Die Österr.-Ung. R...

Die Krönungsinsignien.
„Monarchie in Wort und Bild".

# Vorwort.

Die erhebende Erinnerungsfeier an den tausendjährigen Bestand des ungarischen Reiches, die im Sommer d. J. in dem mächtig aufstrebenden schönen Budapest würdevoll begangen werden soll, sie wird gipfeln in einer solennen Huldigung für das erhabene, allgeliebte Herrscherpaar für den Kaiser und König Franz Josef I. und die Kaiserin Königin Elisabeth.

Im dankerfüllten Gedenken an den selten schönen Tag der Krönung Ihrer Majestäten mit der hl. Stephanskrone am 8. Juni 1867 wird heuer an dem gleichen Tage in der Königsburg zu Ofen unter Entfaltung all des dem ungarischen Volke eigenen Glanzes dem gefeierten Königspaar das Gelöbnis der Treue und Hingebung für den Thron der Habsburger erneuert und zugleich der ehrerbietigste Dank dargebracht werden für all das Große und Edle, das der ritterliche Monarch, die hoheitsvolle Königin für Reich und Volk von Ungarn gethan und geschaffen.

Der staunenswerte kulturelle Fortschritt, den Ungarn auf allen Gebieten des öffentlichen und socialen Lebens während der glorreichen Regierung S. K. u. K. Apostolischen Majestät des Kaisers und Königs Franz Josef I. gemacht hat, er wird dem staunenden Auge der zur doppelt denkwürdigen Millenniumsfeier in Budapest von nah und fern zusammenströmenden Tausende und aber Tausende Eingeborener und Fremder auf dem weiten Plane der Millenniumsausstellung in unvergleichlicher Pracht und Schönheit klar und deutlich sich erweisen!

Zu der großartig durchgeführten Feier im allgemeinen, wie im besonderen zu der mit Glück und Geschick arrangierten

v. Radics, Fürstinnen des Hauses Habsburg.     1

Ausstellung wird man allgemein das gegenwärtige königlich ungarische Ministerium Banffy beglückwünschen können, wie denn schon am 1. Oktober v. J. bei dem zu Ehren der Wiener Publizisten — die nach Budapest geladen waren, die Aus= stellungsvorbereitungen in Augenschein zu nehmen — der Präsident des Wiener Journalisten= und Schriftsteller=Vereins Concordia Regierungsrat Winternitz es hervorheben konnte, daß hier ein großartiges historisches Moment ein seiner würdiges Geschlecht gefunden!

In nachstehenden Zeilen wollen wir aber aus Anlaß der erhebenden Erinnerungsfeier der geschichtsfreundlichen Leser= welt Aufmerksamkeit zurücklenken und hinweisen auf Einfluß und Stellungnahme, welche den Fürstinnen des erlauchten Hauses Habsburg von den Tagen der ersten Verbindung der erhabenen Dynastie mit dem ungarischen Volke bis in unsere Gegenwart beschieden gewesen zum Heile von Reich und Volk von Ungarn, dabei stets gedenkend der Worte unseres hochverehrten Lehrmeisters Professor Dr. Weinhold, des Wahrwortes: „Die Frau ist die nährende und wärmende Flamme der Geschichte!"

Dafür, daß diesem unseren Buche eine Reihe trefflicher Illustrationen aus dem monumentalen Werke unseres unver= geßlichen Kronprinzen, weil. S. K. u. K. Hoheit Erzherzog Rudolf: „Die Österreichisch=Ungarische Monarchie in Wort und Bild" beigerückt werden durfte, haben wir den beider= seitigen hochgeschätzten Redaktionen des Werkes in Wien und Budapest den gebührenden Dank zu sagen, sowie unser Dank auch allen Jenen gebührt, die uns in Abfassung unseres Buches gefördert und unterstützt haben!

Laibach, im März 1896.

Der Verfasser.

Kaiſer Rudolf I. von Habsburg, dem in jenem großen Entſcheidungskampfe mit ſeinem gewaltigen Gegner Ottokar von Böhmen auf dem Marchfelde, 26. Auguſt 1278, der mächtige Ungarkönig Ladislaus IV. der Cumanier ſo that= kräftige Hilfe geleiſtet, daß der edle Habsburger an der Leiche des Přemisliden dem Cumanier, „Gott lobend" und „höchſten Dank ſagend," es offenkundig verſprach, „deſſen Sache immer und in allem als die Seinige anzuſehen," Kaiſer Rudolf I. von Habsburg, dem mehr als ein halbes Jahrtauſend nach jener hochwichtigen Marchfeldſchlacht ein Sohn Ungarns Ladis= laus Pyrker in weihevollem Meiſterſange die Worte zuruft:

. . . . . . Ein Vater unzähliger Fürſten
Wirſt Du ſein, und ſo oft auch hier auf irdiſcher Laufbahn
Wechſelt des Menſchen Geſchick vom Guten zum Schlimmen: ſo wird doch
Treu' und Redlichkeit ſtets in Deinem Geſchlechte noch dauern;

Rudolf I. von Habsburg hatte in ſeiner weitausgreifenden Politik, eine ſeiner Töchter Clementia, in früher Jugend ſchon mit des Königs Ladislaus IV. von Ungarn Bruder Andreas verlobt, der jedoch im ſelben Jahre noch das Zeit= liche geſegnet.

Drei Jahre darnach ward dieſelbe Habsburgerin Clementia, nachdem Papſt Nikolaus III. die Ehebispens

**1\***

erteilt,*) mit dem Angioviner Karl Martell von Sicilien, einem Sohne des Königs Claudius von Neapel und der Maria von Ungarn, Tochter weil. König Stephan IV. von Ungarn getraut, den Papst Nikolaus V. Legat, Karbinal Gentil de Monte Fiore 1289 zu Neapel zum Könige von Ungarn gekrönt! Deren Sohn Karl Robert gelangte dann 1307 zum Throne der Arpaden und trug von 1310 bis 1342 die ihm zu Stuhlweißenburg auf das Haupt gesetzte Krone des hl. Stephan.

Doch ehevor der Habsburgerin Clementia, der Tochter Rudolf I. von Habsburg Sohn, zur Herrschaft in Ungarn gelangte, saß auf dem Throne des mächtigen Ungarreiches eine Enkelin Rudolfs von Habsburg, die Tochter seines Sohnes Albrecht, die Herzogin Agnes (1298—1301) als Gemahlin des letzten Arpaden König Andreas III. eine hohe, hehre Lichtgestalt, der, so kurz auch immerhin die Dauer ihrer Regierung unter dem ritterlichen Volke der Magyaren gewesen sein mochte, Volk und Land von Ungarn gar manche edle That an der Seite ihres königlichen Gemahls zu danken hat, dessen sowie des ihr unvergeßlichen schönen Reiches sie auch fern davon und zurückgekehrt in die Stammlande ihres erlauchten Hauses, in die „oberen Lande," bis in ihr segenreiches hohes Alter in edlem Wohlthun liebevollst eingedenk geblieben!

---

*) Kaltenbrunner, Mitteilungen des vatikanischen Archives, Nr. 209, p. 207.

# Königin Agnes von Ungarn.

Von Jugend an gleichmäßig auf die Reinheit des Leibes und der Seele eifrigst bedacht, reifte Herzog Albrecht von Österreich — Kaiser Albrecht I. — Tochter Agnes zu solcher Vorzüglichkeit im Wesen heran, daß sie im Laufe eines langen nur den edelsten Tugenden, bevorab dem Wohl=thun gegen Arme und Bedrängte, gewidmeten Lebens zu jener Vollkommenheit gedieh, die ihr in dem Buche der Geschichte den Namen der „größten Frau ihrer Zeit" *) gesichert.

Im Jahre 1280 hatte im schönen Aargau, Elisabeth des Grafen Meinhard von Tirol Tochter ihrem Gemahle, dem damaligen Grafen Albrecht von Habsburg und Kyburg, Land=grafen im oberen Elsaß, dem Stammlande der Habsburger, dem Sohne dessen, der im deutschen Reiche „die kaiserlose die schreckliche Zeit" beendet, als drittes Kind ihrer Ehe diese Tochter Agnes geboren, die vom Schicksal ausersehen war, die Gemahlin des „letzten Arpaden" des Königs Andreas III. von Ungarn zu werden.

Als der Vater der jungen Agnes Graf Albrecht von Habsburg zwei Jahre nach ihrer Geburt die Herzogtümer Österreich, Steiermark und Krain als Reichslehen empfangen, zog auch gar bald die Mutter, nun Herzogin Elisabeth mit

---

*) Liebenau H., Lebensgeschichte der Königin Agnes von Ungarn, ... Regensburg 1868. p. 325.

ihrem Kleeblatt von zarten Kindern, Rudolf, Anna und
Agnes aus dem schneeumkränzten Schweizerlande hinab in
die fruchtreichen Ebenen an der schönen blauen Donau, hin
in die herrliche schon in den Tagen der Nibelungenhelden
festesfreudige altberühmte Stadt Wien, wo sie ihren herzog=
lichen Gemahl mit einem ferneren Kleeblatt von Kindern, den
Söhnen Friedrich, Leopold und Albrecht (II.) erfreute.

Die junge Fürstentochter Agnes, klein an Gestalt, groß
aber an Geist und Herz erblühte also von ihrem zartesten
Alter an in einem regen Geschwisterkreise, der sich in späteren
Jahren, als Herzog Albrecht bereits die Stufen des deutschen
Thrones erstiegen, zu einem vollen Dutzend erweiterte. Wie
anregend das Leben im väterlichen Hause, der Hofburg
zu Wien unter diesen Verhältnissen sein mußte, ist leicht zu
denken. An Lehrern in allen Zweigen der Wissenschaften
ließ es der Herzog und spätere König bei seinen Kindern
nicht fehlen. Die Geschäfts= und Sprachkenntnis, welche wir
in der Folge bei der Königin Agnes bewundern, zeugte dafür,
daß sie ihre Jugend nicht nur auf den Gemächern der Frauen
zugebracht, wo sonst nur mehr auf Religiösität und kunstreiche
Arbeiten denn auf Wissenschaften Bedacht genommen war. Die
ersten zehn Lebensjahre glänzte zudem im bunten Kreise der
Enkel in der Wiener Hofburg zuweilen auch noch die alle
Herzen erwärmende Sonne des Humors König Rudolfs I. von
Habsburg, dessen Erscheinen unter den Kindern seines Sohnes
mit lautem Jubel begrüßt worden.

Einen der Lehrer an Herzog Albrechts Hofe lernen wir
in dem Meister Konrad von Dießenhofen kennen, der „in
argem Mißgeschick durch Länder und über Meere getrieben
endlich bei den milden und großmütigen Habsburgern in den
sichern Hafen seines Heiles eingelaufen, um mit der Ver=
herrlichung fröhlicher Töchter und Söhne auf immer sich
zu begnügen." Als eine fröhliche Kinderschar schildert uns

demnach der fürstliche Hofmeister die Prinzen und Prinzessinnen
am Hofe zu Wien. Mit dieser Herzensfröhlichkeit ging aber
der fromme Sinn der fürstlichen Kinder Hand in Hand, und
wir lesen ganz im besondern von Prinzessin Agnes, daß sie,
als ihr später über einen Bewerber um ihre Hand, einen
römischen Herrn, etwas zu Gehör gekommen, das ihr „un=
göttlich dünket" im Sinne der Zeitrichtung das Versprechen
von 90 000 Ave Maria gethan, wenn die geplante „Gemahl=
schaft wendig" würde, was, wie unsere Quelle schließlich kurz
beifügt, auch geschah, indem besagter Bewerber (Friedrich von
Colonna) gar bald mit Tod abgegangen.*)

Der Chronist Abt Johann von Viktring, der die Geistes=
gaben der Herzogin Agnes vor der Schönheit ihrer persön=
lichen Erscheinung hervorhebt und ihr stille Bescheidenheit,
Andacht und Wohlthätigkeit nachrühmt, deutet in seiner Er=
zählung über sie es an, wie sie trotz dem geräuschvollen
Leben am Hofe ihres Vaters dennoch Gelegenheit fand, die
Röslein ihres Gemütes, wie Veilchen und Lilien ihrer Seele
auszubilden, und dabei die Wissenschaft zu pflegen u. a.
gründlich Latein zu lernen, welche Sprachkenntnis dann
auch durch später von ihr ausgegangene Schriftstücke in latei=
nischer Sprache illustriert erscheint, sowie auch „Bruder
Philipp," Bischof von Eichstädt seine in lateinischer Sprache
verfaßte Legende der hl. Waldburg der Herzogin Agnes zu=
eignete mit der Bitte, dieselbe andern Fürstinnen mitzuteilen.

Als Agnes 15 Jahre zählte, starb (1295) dem Könige
Andreas III. von Ungarn seine Gemahlin Venena, eine
Tochter des Herzogs von Kujavien mit Hinterlassung einer
Tochter, Namens Elisabeth. Andreas, um einen männlichen
Erben besorgt, und um das mit Herzog Albrecht von Öster=
reich gegen Adolf von Nassau — Rudolfs I. Nachfolger

---

*) Gregor Hagen bei Petz Scriptores I. 1137.

in der römischen Königswürde — geschlossene Bündnis
fester zu knüpfen, warb nun bei seinem Verbündeten um
die Hand von dessen Tochter Agnes und Albrecht nahm,
um seine Macht zu mehren, den Ungarkönig willig zum
Eidam an.

Und auch Agnes stimmte ein, denn sie kannte von Jugend
auf die Pflichten kindlichen Gehorsams, ihr Wille war auch
hierin der der Eltern, wenngleich man sich zur Zeit in Wien
manche Züge „von wilden und grausamen Ungarn" erzählte.
Am 6. Februar 1296 fand die Verlobung statt, doch blieb
vorläufig die jugendliche Braut noch übers Jahr in der
väterlichen Hofburg, da es einerseits die erlauchte Mutter
wegen des sehr zarten Körperbaues der Tochter so gewünscht
und anderseits damals Österreich politisch ziemlich bewegt gewesen. Herzog Albrecht schickte aber noch im Herbste 1296
dem künftigen Schwiegersohne Truppen gegen den aufständischen
Iwan von Güssing (Güns) zu Hilfe, der sich mit seinem
Bruder vereint neuerdings gegen Andreas erhoben hatte;
mehrere Burgen der Güssinger namentlich Güns und Symögh
wurden mit Unterstützung der österreichischen Truppen eingenommen. *)

Das Jahr 1297, ausgezeichnet durch außerordentliche
Fruchtbarkeit und die großen Freiheiten, welche Herzog
Albrecht seiner getreuen Stadt Wien erteilte, brachte Österreich
wieder Ruhe und Frieden. Am 2. November erhielt die geliebte Herzogin Agnes als Aussteuer 40000 Mark Silber
(beiläufig 980000 fl. heutiger Währung) zugesichert und
angewiesen von ihrem Vater, dem Herzoge Albrecht. Am
selben Tage verschrieb ihr zu Wien ihr zukünftiger Gemahl König
Andreas von Ungarn als Widerlage des so bedeutenden Braut-

---

*) Huber, Studien über die Geschichte der Ungarn im Zeitalter der
Arpaden. Archiv f. Kunde österr. Geschichtsquellen. LXV. p. 224.

schatzes auf Lebenszeit Schloß, Stadt und Grafschaft Preßburg
mit allen dort fallenden Einkünften, Besitzungen, (Burgen) und
Rechten. Die Treue der Preßburger gegen seine Person, die Andreas
in dieser Weise zu würdigen und auszuzeichnen bestrebt er=
schien, sie war auch schon durch jenen Privilegiumsbrief des
Arpaden belohnt worden, womit derselbe König Andreas
(1291 2. Dez.) — getreu seinen aus der venetianischen Er=
ziehung geschöpften Neigungen für das Bürgertum und die
Interessen der Industrie und des Handels — die Preßburger
Bürgerschaft ausgezeichnet und in welchem er auch die in der
Stadt Preßburg wohnhaften Juden der Privilegien der
Bürger teilhaftig gemacht.*)

Da sich anfangs November 1297 die herzogliche Familie
in Wien noch um die im Juni desselben Jahres verstorbene
Schwester Herzog Albrechts, um die Königin Guta von Böhmen
in Trauer befand, so ging die nun am Wiener Hofe statt=
findende Vermählung der Herzogin Agnes hier ohne jene Festlich=
keiten ab, wie solche zwei Jahre vorher bei der Vermählung
von Agnes Schwester, der Herzogin Anna mit Hermann
Markgrafen von Brandenburg in Graz waren gehalten worden,
um deren Veranstaltung sich der ausgezeichnete Hofmann
und hervorragende Abt Heinrich von Abmont so viele Ver=
dienste erworben und die der Reimchronist Ottokar in lebens=
voller Frische geschildert hat.**)

War aber bei der Trauung der jüngeren Tochter, dies=
mal zu Wien, aus obangedeutetem Grunde das Geräuschvolle
der Hochzeitsfeier weggeblieben, so sollte dagegen die junge
schöne Frau in ihrem neuen Vaterlande jenes Prunkes und
jenes lauten Jubels nicht entbehren, womit schon von frühesten
Zeiten her das feurige Volk der Ungarn, was ihm groß und

---

*) Szálay, Geschichte Ungarns II. 136. Anm. 1.
**) Muchar. Geschichte der Steiermark VI. p. 103.

lieb erscheint, in so unwiderstehlicher Weise zu umgeben ver=
steht, es durften dort wohl nicht fehlen die Kundgebungen
der hellsten Freude, nicht beim Einzuge der Königin in Buda
(Ofen) — wobei man aus allen Brunnen der Stadt Wein statt
Wasser fließen machte — nicht am 30. November dann am
Namenstage ihres königlichen Gemahls, ja sie erreichten den
Höhepunkt bei ihrer Trauung in der Kathedrale zu Stuhl=
weißenburg,*) wo der Bischof von Weszperim, einer der
eifrigsten Parteigänger des Königs Andreas, sie zur Königin
gesalbt und mit der Krone des hl. Stephan gekrönt.**)

Doch auch Herzog Albrecht wollte, wenngleich im Augen=
blicke daran verhindert, durchaus nicht der Freude entbehren,
seiner Lieblingstochter — nun Königin — noch nachträg=
lich am eigenen Hofe ein solennes Hochzeitsfest zu bereiten,
das vereint mit einer Verlobung zweier Königskinder, sobald
die Hoftrauer beendet war, auf Lichtmeß des nächsten Jahres
(1298) angeordnet wurde, denn um genanntes Datum sollte
außer der Feierlichkeit zu Agnes Ehren auch die Verlobung
ihrer noch im Kindesalter von 9 Jahren stehenden Stieftochter
Elisabeth mit dem gleichfalls noch kindlich jungen König
Wenzel II. von Böhmen zu Wien stattfinden.

Um diese zwei Hoffeste recht glanzvoll zu begehen, bat
Herzog Albrecht alle seine Anverwandten und Nachbarn,
Freunde und Gönner auf die „große Hochzeit" nach Wien zu
kommen. Seit Menschengedenken war nie hier ein so groß=
artiges Fest gegeben worden.

Königin Agnes kam mit ihrem Gemahle und den
schmucksten, stolzen Magyaren, welche ihre herrlichsten Pferde
und Waffen und Schmuck aller Art zur Schau trugen, um

---

*) Joannes Pauer Historia Diöcesis Albae Regalensis (1877) p. 47.
**) Liebenau, hundert Urkunden zur Geschichte der Königin Agnes.
Regensburg 1869, p. 10.

mit allen anberen Gäſten zu wetteifern. Der Ungarn unb
Cumanen war babei eine ſolche Menge, baß ſie in Wien
kaum Platz finben konnten, Bürger ber Stabt wurben aus
ihren Wohnungen belogiert unb einzelne Wohnungen in Ställe
umgewanbelt, in benen bie Pferbe ber ungariſchen Gäſte
eingeſtellt wurben. Da bie ſchönen Magyaren an ben Frauen
unb Töchtern Wiens Gefallen fanben unb umgekehrt, kam es
im Laufe ber Feſttage zu Hänbeln, bie ab unb zu auch
blutiges Enbe nahmen, ſo wurben z. B. in einem Hauſe vor
bem Stubenthor (heutiger 3. Bezirk, Lanbſtraße) zehn Cumanen
bas Opfer ſolch eines blutigen Liebeshanbels.*)

Unter ben Feſtgäſten war an Albrechts Hofe auch er-
ſchienen ber Herzog von Sachſen. Die Markgrafen von
Branbenburg Herrman ber Lange, Albrechts Tochtermann,
unb Otto genannt mit bem Pfeile bie brachten eine große
Ritterſchaft mit ſich; König Wenzel von Böhmen entfaltete
all ben Glanz, ben bas reiche Prag zu bieten vermochte unb
nicht weniger ſtrengten ſich geiſtliche unb weltliche Fürſten
unb Herren aus Öſterreich, Steier, Tirol, Bayern, Schwaben
unb ben oberen Lanben an, welche unter Anführung von
Baſel unb Konſtanz in bie reichgeſchmückte freubenvolle Feſtſtabt
Wien einrückten unb ſo ſah man ſelbſt vom fernen Rhein-
ſtrome manch' ritterliche Geſtalt bahertraben an bie Ufer ber
Donau. Herzog Albrecht wollte burch bieſes Rieſenfeſt ben
Beweis liefern, baß er als Habsburger nicht bloß neibvolle
Feinbe, ſonbern auch mächtige unb zahlreiche Freunbe beſitze,
welche ihm bei einer allfälligen Gefährbung ſeiner Werbung
um bie Reichskrone beizuſtehen im Stanbe unb bereit.

Der Kongreß ber Fürſtlichkeiten bei bieſem Wiener
Doppelfeſte hatte nämlich auch einen politiſchen Zweck, man
verabrebete hier um bie Tage bes Namensfeſtes bes römiſchen

---

*) Hormayr, Wiens Geſch. u. ſ. Denkwürbigkeiten. III. p. 137.

Königs Adolf von Nassau dessen Sturz und schon gar bald darnach Anfangs April zog Herzog Albrecht, auch von Ungarn unterstützt, an den Rhein, um seiner Werbung um die Reichs= krone Nachdruck zu verleihen.

Wie bange erwartete die nach Buda zurückgekehrte Königin Agnes Botschaft vom Vater aus den oberen Landen. In diesen Tagen banger Erwartung mag Königin Agnes das Gebet erdacht haben, das in ihrem halb Deutsch halb Latein geschriebenen Gebetbüchlein die „Fahne des Herrn" genannt erscheint. Dazu wurden neun Betende an neun Sonntagen zu Tagesanbruch verwendet, die Vorbetende lag so zur Erde gebeugt, daß nur ihre Kniee und Ellenbogen die Erde be= rührten und betete das Vaterunser bis das Licht abgebrannt war, bat Gott um Schirm gegen alle, die Übles und bösen Rat gegen sie im Schilde führen.*)

Neun Tage nach der von den deutschen Kurfürsten über Adolf von Nassau ausgesprochenen Entsetzung und Wahl Herzog Albrechts von Österreich zum römischen Könige an dessen Stelle — 23. Juni 1298 — fand Adolf von Nassau am Hasenbühel bei Göllheim, König Albrecht selbst mutig angreifend, in heißem Kampfe seinen Tod auf dem Felde der Ehre (2. Juli 1298).

Das schöne Morgengebet der Königin Agnes, Gott möge sie und die Ihrigen beschützen, sowie Er einst Daniel in der Löwengrube beschützt, erschien erhört!

Wenige Wochen später — am 5. August — fand am Rakosfelde bei Budapest die vom König Andreas III. einberufene Reichsversammlung statt, auf welcher Bischöfe und Adel, Szekler, Sachsen und Cumanen mit Aus= schluß aller weltlichen Würdenträger eine Reihe von Be= schlüssen faßte, welche die Hebung der Macht des Königtums

---

*) Liebenau, hundert Urkunden u. s. w. p. 15 f.

und die Befestigung der Stellung seines gegenwärtigen Ver=
treters zum Ziele hatten und daher auch vom Könige ge=
nehmigt wurden, „damit wir" — wie es wörtlich hieß — „den
aus dem königlichen Geschlechte stammenden Andreas als den
natürlichen Erben des Reiches verehren und in der Person
desselben die königliche Würde den notwendigen Glanz erhalte."*)
Unter den weiteren Beschlüssen dieser Magnatenversammlung
war auch der, daß wer immer von Unzufriedenen noch Güter
nicht herausgegeben habe, welche Eigentum der jungen Königin
Agnes seien, der solle solche ihr ungesäumt zur Hand stellen
und weiters dann noch der einschneidende Beschluß: Der
Königin deutsche Hofherrn sollen entfernt und deren
Stellen vom Könige durch ungarische Edelleute er=
setzt werden, was dann auch geschah. Ob Besorgnisse vor
einem Anschlusse Ungarns an das Deutsche Reich, in welchem
wenige Tage später (24. August) Albrecht zum röm. Könige
gekrönt worden, diesen letzteren Beschluß der ungarischen
Reichsversammlung veranlaßt, ist jedoch nicht erweisbar.

Wie aber die jugendliche Königin, jetzt in ihrem 18. Lebens=
jahre stehend, dem königlichen Gemahl bei Ausübung seiner
Regentenpflichten stets liebreich helfend zur Seite war, dafür
liefern uns die zeitgenössischen Quellen den einen und andern
schönen Beweis. So oft König Andreas in seinem Reiche
von Königsstuhl zu Königsstuhl umherreiste, um nach alter
Sitte als oberster Richter seiner Unterthanen Recht zu sprechen,
nahm er die schöne junge Königin mit sich und diese, gleich=
wie sie durch ihr reines Wesen die Liebe ihres Gemahls ge=
wonnen**) und durch ihre streng fromme Denk= und Gefühls=
weise auch ihm Gottesfurcht gelehrt hatte, übte letzteren Einfluß
auch auf die Unterthanen soweit es in ihrer Macht gelegen

---

*) Huber l. c. p. 225 f.
**) Liebenau Gesch. d. Königin Agnes p. 403.

war. So erzählt uns die Chronik z. B. aus Stuhlweißenburg,
daß Königin Agnes daselbst auf das Eifrigste bemüht gewesen,
die noch heidnisch gebliebenen Cumanen zum Christentum zu
bekehren.*)

Sie, die alles Unrecht aus dem Grunde ihrer Seele
haßte, wollte selbst auch niemandem das geringste Unrecht
zufügen und so sehen wir die Königin dem Bischofe von
Weszperim, dessen Kirche unter ihrem speziellen Patronat ge=
standen und der, wie schon oben gesagt, Agnes zur Königin
gesalbt und ihr die Krone des hl. Stephan gereicht, den
Lämmerzehent auf der Insel Schütt zurückstellen, der ihr seitens
der ungarischen Kammer unter ihrem Heiratsgute zugekommen
war. Die von ihr darüber ausgefertigte Urkunde, datiert:
Buda 29. April 1299**), bietet außerdem noch durch das an=
hangende große Majestätssiegel der Königin heute für
uns ein erhöhtes Interesse, weist dieses uns doch der Königin
Bildnis. Dieses Siegel 3½ Zoll im Durchmesser in weißes
Wachs zweiseitig ·eingedrückt, weist auf der Vorderseite die
Inschrift: † Sigillum. Agnetis. Dei. Gracia. Regine.
Hvngarie. Die bildliche Darstellung dazwischen ist folgende:
Die Königin sitzt auf einem mit Kissen belegten Thronstuhle
ohne Lehnen, dessen Wände und Schemel mit Schnitzwerk
verziert sind. Auf dem Haupte trägt sie eine Laubkrone,
deren Reif mit Perlen besetzt ist, das Haar wallt in reichen
Locken bis über die Schultern herab, der Schleier fehlt. Das
weite Kleid mit engen Ärmeln ist um die Mitte umgegürtet,
am Halse in eine Spitze nach abwärts ausgeschnitten und
verbrämt. Der Mantel läßt die Brust frei und wird durch
eine Schnur zusammengehalten, welche die Königin mit der
linken Hand erfaßt, während sie in der rechten einen Zweig

---

*) Engel, Geschichte des ung. Reiches I. p. 453.
**) Liebenau, Hundert Urkunden u. s. w. p. 9 f.

mit drei Blättern hält. Im Siegelfelde zur Rechten der
Königin steht der Buchstabe A, zur Linken B, die ersten Buch=
staben des Namens der Fürstin; die übrigen drei befinden
sich auf der Kehrseite. Diese hat die Inschrift: † S.(igillum)
Agnetis. Filie. Domini. Alberti. Ducis.*) Austrie zwischen
Perlenlinien. An die innere derselben schließt sich ein breiter
mit Blumenranken verzierter Streifen an, welcher durch eine
feine Perlenreihe begrenzt und von dem mit Blumen bestreuten
Siegelfelde geschieden ist. In letzterem erhebt sich das ungarische
Doppelkreuz, zwischen dessen beiden Querbalken sich rechts
ein N, links die Buchstaben: ES befinden, als Schluß des
auf der Vorderseite begonnenen Namens der Königin. Unter=
halb des zweiten Querbalkens sitzt zu jeder Seite ein Vogel
auf einem Blumenzweig.**)

Über der Königin Agnes Familienleben an der
Seite ihres königlichen Gemahls des heißblütigen von einer
venetianischen Mutter abstammenden Andreas, liegen wohl aus
der Feder des österreichischen Reimchronisten Ottokar An=
deutungen vor, die nicht gerade auf ein ganz glückliches Ver=
hältnis des kinderlos gebliebenen Königspaares würden
schließen lassen, ja die den König förmlich als einen Wüstling
darstellen. Nun, wir haben schon früher darauf hingewiesen,
daß uns andere Quellen über den segenvollen Einfluß der
frommen Agnes auf ihres königlichen Gemahls Denken und
Fühlen belehren und selbst Ottokar giebt zu, daß die Trauer
der Königin um Andreas, als er ihr durch einen zu frühzeitigen
Tod — nach nicht viel mehr als zweijähriger Ehe — ent=
rissen worden, keine geringe gewesen.

---

*) Der Siegelstock rührt also noch aus der Zeit vor der Erwählung
Albrechts zum röm. Könige her. Anm. d. Verf.
**) Berichte und Mitteilungen des Altertums=Vereins zu Wien. II.
(857) p. 123 Anm. 1.

Es war Ende der zweiten Woche im Januar des Jahres
1301, daß Königin Agnes den ihr im November 1298 ange-
trauten Gemahl verlor, eben zur Zeit, als ihr Vater König
Albrecht in voller Thätigkeit gewesen, den Krieg wider die
rheinischen vier Kurfürsten und Reichsrebellen ins Werk zu
setzen.

Schon die schwere Art der tödlichen Krankheit des Königs
Andreas versetzte die jugendliche Frau in nicht geringes
Leid, da er noch vor seinem Hinscheiden die Macht der Sprache
verloren: wie aber erst, als er die Augen schloß und dann
mit so kostbarem Aufwande, wie es einem reichen Könige ge-
ziemte, im Münster (bei den Minoriten) in Budapest zur ewigen
Ruhe bestattet wurde, da ergab sich Agnes voll und ganz
ihrem großen Schmerze um den teuren Dahingeschiedenen.

Ottokar, der in seiner Darstellung diesen Schmerz weit
über die „Tugenden" des verstorbenen Königs erhebt, kann
sich auch nicht genug darüber wundern, daß

> ein frou von so jungen jâren
> so wiplich kunde gebâren

was sich nur aus dem edlen Gemüte der Habsburgerin erklären, gleichwie auch die Fortdauer der schmerzvollen Trauer

> daz man si hernâch
> unz in ir ende sâch
> witiben wis in klag und riwe:
> daz schuof ir wiplich triwe
> diu ûf sio erbt und rehto
> von allem irem geslehte.*)

Vom Todestage des Königs an trug Agnes an ihrem
Leibe ein härenes Bußhemd und darüber fortan Trauerkleider;
ununterbrochen war ihr Gebet seinem Seelenheile gewidmet.

---

*) Monumenta Germaniae von Pertz ed. Seemüller Ottokars östr.
Reimchronik. Vers 78352—78377.

Welche Wirkung ihren Gebeten zugeschrieben worden zeigt uns die Aufzeichnung des Chronisten Ebendorfer, welcher erzählt, als Agnes für ihren Mann selig gebetet, habe man dessen Stimme gehört, sagend: er sei im Himmel!*)

Drei Tage nach dem Tode ihres Gemahls übergab Königin Agnes ihren Reichsmagnaten die königliche Burg zu Ofen, welche auf Anlangen der letztgenannten der Meister Stephan von Supron (Ödenburg) zur Renovierung und zu teilweisem Neubau sowohl im Mauerwerk als in den Holzbestandteilen vorläufig auf eigene Kosten übernahm, welche Kosten ihm laut Urkunde der Königin durch die Fürsorge der Magnaten zu geeigneter Zeit ersetzt werden sollten.**)

Nachdem Agnes das Königsschloß in Altbuda verlassen, soll sie sich in die auf dem Scheitel des hl. Berges Pannoniens***) herrlich gelegene Erzabtei der Benediktiner zu Martinsberg begeben haben, welches altehrwürdige Stift, „die Wiege des Christentums in Ungarn" ist, von wo einst die Missionäre auszogen, durch das reichgesegnete Land hin sich zerstreuend, um unter dem kriegslustigen Volke mit der Christuslehre zugleich Bildung und Gesittung zu verbreiten und welchem Stifte gegenüber des Andreas Vorgänger auf dem Throne Ungarns und er selbst sich immer ebenso frei= gebig als anerkennend erwiesen.†)

Gar bald jedoch verließ die Königin=Witwe mit ihrer Stieftochter Elisabeth das Land Ungarn, da ihr Bruder Herzog Rudolf, an den sie sofort nach des Königs Andreas

---

*) Pez, Scriptores rerum austriacarum. II. p. 765.

**) Liebenau, Hundert Urkunden u. s. w. p. 10.

***) Sacer mons Pannoniae.

†) Ein Benediktinerbuch von S. Brunner, Erzabtei Martins= berg nach M. Csinár p. 218.

Tode Boten mit der Trauerkunde abgesendet, seinen ritterlichen Marschall Hermann von Landenberg an sie abgeordnet. Unter der Führung dieses Getreuen und mit stattlichem Geleite, darunter sich auch der dem Hause Habsburg befreundete Iwan Graf von Güssingen (Güns) befand kehrte Königin Agnes noch im Jänner 1301 in die Wiener Hofburg zurück. Ihr Vater König Albrecht weilte zur Zeit weit von Wien entfernt in den Rheinlanden!

Als sich über den letzten männlichen Sprossen aus dem fürstlichen Hause der Arpaden die Gruft zu Budapest ge-schlossen, konnte von einer Erbfolge der Frauen umsoweniger die Rede sein, als damals selbst der Mannesstamm nur auf Grund einer mit Wahl vermischten Erbfolge das Staats-ruder geführt hatte und als das Mittelalter noch nicht auf jener Stufe der Entwickelung angelangt war, um auch Frauen zur königlichen Würde rechtlich befähigt zu finden. Infolge-dessen betrachteten selbst die eifrigsten Anhänger des eben dahingeschiedenen Königs Andreas dessen verwaiste Tochter Elisabeth keineswegs als Königin der Nation*) und es forderte auch der Königin-Witwe Vater, der römische König, für seine Tochter nichts anderes, als den Fortbesitz ihrer „Widerlage."

Um den erledigten Thron Ungarns stritten nun aber der Böhmen- und Polenkönig Wenzel II. und Karl Robert von Sicilien, der Sohn der Clementia von Habsburg.

Durch Unterstützung des habsburgischen Hauses gewann die Partei Karls von Sicilien nach und nach die Oberhand über den Böhmen und wir sehen den Bruder der Königin-Witwe Agnes, den Herzog Rudolf von Österreich, der dem Könige Karl Hilfe nach Ungarn gebracht, mit diesem und mit den Magnaten des Reiches (unterm 24. August 1304) Verträge zum Abschlusse bringen, in denen er seiner lieben

---

*) Szálay, l. c. II p. 151.

Schwester Agnes ihr Wittum, die Grafschaft Preßburg und das Zugehörige sicherte*) — welcher Besitz, wenigstens ein Teil desselben, ihr bis zu ihrem Tode verblieb — und durch welche Verträge es ihr ermöglicht war, ihre zahlreichen und sehr wertvollen Kleinodien, die sie später zu kirchlichen Stiftungen verwendete, aus Ungarn herauszubringen.

Wir haben schon oben gesehen, daß König Andreas III. den Bürgern von Preßburg einen fortschrittlichen Privilegiums= brief ausgestellt, dessen Inhalt, u. a. die Befreiung der in die Stadt Einwandernden von der Kopfsteuer, auch die „Herrin Preßburgs" Königin Agnes fortwährend aufrecht erhielt; ja die fortschrittlichen Ideen des Preßburger Privi= legiumsbriefes übertrug die kluge Habsburgerin später auch in das „Land der Freiheit," in die oberen Lande, indem sie namentlich ihre Leibeigenen am Gotteshause zu Königsfelden in der Schweiz für frei erklärte!**)

Aber schon geraume Zeit vor ihrer definitiven Übersied= lung in die Stammlande des Hauses Habsburg war der stille Wirkungskreis von Agnes Wohlthun dort ein sehr weiter und wir sehen sie schon 1305 ihrem sel. Gemahl König Andreas zu Ehren in Zell bei Sitzenkilch im Schwarzwalde einen Altar mit ansehnlichem Einkommen errichten und 1307 geloben ihr der Abt und Konvent zu Engelberg für die Bei= steuer zum Neubau des abgebrannten Klosters daselbst einen Jahrestag für den seligen König Andreas, sowie im selben Jahre die Meisterin der Augustinerinnen zu Interlaken für denselben ein Jahr lang täglich ein Vigil beten zu lassen.***) Im März des Jahres 1308 stellt der Komtur des Deutschen Ritterordens zu Marburg (in Hessen), dem die Behütung

---

*) Lichnowsky, Geschichte des Hauses Habsburg. II. p. 251.
**) Liebenau, Königin Agnes p. 332—349.
***) Liebenau, l. c. p. 414.

des Grabes der hl. Elisabeth anvertraut war, den Revers aus, von der Königin-Witwe Agnes von Ungarn als besondere Verehrerin der aus dem ungarischen Hause der Arpaden stammenden hl. Elisabeth und des Deutschen Ordens 25 Mark Silbers empfangen zu haben, um am St. Elisabethtag für den sel. König Andreas Jahrzeit zu feiern.*)

Es währte nicht lange und neuer tiefer Schmerz traf das edle Frauenherz der Königin Agnes. Am 1. Mai 1308 fiel durch verruchte Mörderhand ihr innigstgeliebter Vater Kaiser Albrecht im Angesichte der Habsburg und die Chronik meldet, daß die liebende Tochter auf die Kunde des entsetzlichen Ereignisses vier Tage darnach (Sonntag, den 5. Mai) „ihr Herz gefriedet" d. h. des Herrn Leichnam empfangen und also in ihrer unaussprechlichen Trauer um den Vater nur Trost beim lieben Gott im Himmel gesucht.**)

Nach dem so entsetzlichen Ende ihres Vaters hielt sich Agnes noch einige Zeit in Österreich beziehungsweise auch in Ungarn auf,***) mit welchem Reiche sie auch noch späterhin stets die ihrem Wohlthätigkeitssinne einerseits, ihrem nie verlöschenden Pietätsgefühle für ihren verstorbenen Gatten anderseits entsprechenden innigsten Beziehungen unterhielt. So stiftet sie 1313 in die Kirche zu Gran, an den Sitz des „Primas von Ungarn" ein „Seelgeräte" für Andreas und als sie 1331 in der Stadt Wien das an der von ihr selbst erbauten Kirche der hl. Agnes gelegene Kloster „zur Himmelspforte" der Kanonissinnen des hl. Augustin erweiterte, ließ sie es mit Nonnen des Prämonstratenser-Ordens aus Ungarn besiedeln.†)

Den 28. Oktober 1313 starb aber der Königin Agnes

---

*) Liebenau, l. c. p. 415.
**) Clevi Fryger Chronik Nr. 1442.
***) Szálay l. c. 151.
†) Wisgrill, Topographie von Niederösterreich. Wien 1769. I. p. 34.

auch die Mutter Königin Elisabeth zu Wien, nachdem sie noch Kloster Königsfelden in der Schweiz, das Denkmal an den erschlagenen Gatten und Vater der besonderen Fürsorge der geliebten Tochter Agnes empfohlen hatte. Diese kannte nun zunächst nur den einen Wunsch, sobald möglich mit den Überresten der teuren Mutter nach dem Orte ihrer neuen Bestimmung, nach Königsfelden, übersiedeln zu können.

Nachdem, 1313, 9. November, sie in Kloster Neuburg bei Wien ihre Kostbarkeiten erhoben und 1314 den Cistercienser-Nonnen zu St. Bernhard in Niederösterreich eine Stiftung hinterlassen, mit der Verpflichtung, jährlich am St. Felixtage das Gedächtnis ihres sel. Gemahls zu feiern, kam sie im Mai 1316 in die Stammlande, wo sie dann bis an ihr 1364 erfolgtes Ende verblieb, wo sie durch strenge Andacht, Nüchternheit und Arbeitsliebe ihrer Umgebung auf weit und breit ein glänzendes Vorbild war, wo sie im weiten Umkreise Wohlthaten übte, Hilfe und Rat Armen und Bedrängten leistete, wo und wie sie nur konnte, aus dem Schatze der kostbaren Perlen und Edelsteine, die sie mit hergebracht, frommen Stiftungen zuwendend, wie und wann sie es für geboten und nötig erachtete.*) Hier konnte sie auch häufig ihre Stieftochter Elisabeth im Kloster Töß besuchen, wo diese als Nonne den Schleier genommen.

Längst schon und zwar gleich nach dem Hinscheiden des Königs Andreas hatte Agnes den Flitter der Vergänglichkeit ab und die Witwengewänder angelegt und es blieb auch fortan so, daß die Königin-Witwe sich nur der allereinfachsten Kleidung bediente. Ja, als sie 1325 der Einweihung der Kirche in Engelberg, zu deren Anfängen sie 1307 einen großen Beitrag geleistet, und der Schleiersegnung von 139 Nonnen beigewohnt, brachte sie nach Engelberg die Reste

---

*) Liebenau, Königin Agnes p. 74 f.

ihrer Brautgewänder, die sie seit 1296 sorgsam aufbe=
wahrt hatte. Trotz der großen und vielen Stürme der Zeiten
haben sich bis heute noch einige sehr beachtenswerte Reste
dieser mit Gold und Seide reich gestickten königlichen Ge=
wänder im Gotteshause zu St. Andreas, nun in Sarnen —
wo auch noch jährlich ein Gedächtnistag für König Andreas
gefeiert wird — erhalten, welche zu Kirchengewändern (Anti=
pendien) und zur Bekleidung eines Christkindleins verwendet
worden sind. Diese Stickereien liefern einen nicht unwesent=
lichen Beitrag zur Kunstgeschichte weiblicher Arbeiten des Mittel=
alters in farbiger Figurenstickerei und schönen Laubarabesken
einerseits, sowie sie anderseits sog. goldene Kleiderbuchstaben
mit Inschriften und andere Goldschmiedearbeiten zu Kleider=
verzierungen in großer Zahl aufweisen.*)

Hatte die einstige Königin von Ungarn den größten Teil
ihres langen Lebens als getreue Hausmutter ihrer Gottes=
häuser und der schönen verwaisten Wiegenlande ihres er=
lauchten Stammhauses am Grabe der geliebten Anverwandten
zugebracht, so ging sie auch selbst in die Gruft von Königs=
felden ein, als der Tod die Adleraugen der heldenmütigen
Habsburgerin im Jahre 1364 geschlossen.

Schon im Frühlinge des genannten Jahres hatte man
bemerkt, daß die Kräfte der Königin Agnes sich vermindern
und ihr hohes Alter sich rasch geltend mache. Am St.
Barnabastage beschloß diese Fürstin „ein Juwel reinsten
Charakters, dessen Glanz einst alle Stände und Lande im
weiten Kreise ihrer Umgebung bewundert," ihr segensvolles
Leben, nachdem der Todeskampf der gottergebenen Königin
„von der Terz bis zum Abend" gewährt.

Von ihrem Leichenbegängnis am achten Tage nach dem
Tode wird uns durch den Chronisten von Königsfelden berichtet:

*) Liebenau, l. c p. 106.

„Do trugent sie die brnober den Frowen zuo sehent die liebste Muoter, die nit alein inen alein, me des Landes und aller armen Menschen Besorgerin was (war) gewesen. Also was sie junder bekleidet von den reinen Megten, die darzuo geordnet wurden und ward darnach in dem achtenben Tog begraben in dem Fürstengrab ihrer Vordren, richsent mit Gott Vater, Sun und heiliger Geist ewenglich un Enbe. Amen.“ Die Kleidung, welche sich Königin Agnes ins Grab gewählt, war die der Klarisser-Nonnen, nicht die einer Königin, das wies der Befund bei späterer Erhebung ihrer Leiche zu Königsfelben. So bescheiden als das Leichen=gewand der Königin Agnes, von deren Witwenschleier heute noch ein Stücklein in Luzern aufbewahrt wird, hatte sie sich auch ihren Sarg sehr einfach in Holz mit einem hohen Kreuze und dem Wappen Ungarns ohne Krone anzufertigen bestellt.*) Niemand würde da die große an Geist und Charafter wie an Gold reiche Fürstin und Witwe des letzten arpadischen Königs von Ungarn suchen, wenn nicht das Patriarchenkreuz im einfachen Schildchen uns einen Beweis gäbe, es ruhe hier die Königin Agnes, die mit königlicher Großmut soviel Kirchen und Grabdenkmäler**) für andere gestiftet, in schlichtärmlichen Brettern.

Ein Glasgemälde in der Kirche zu Königsfelden weist die Königin Agnes im königlichen Anzuge und über dem Wappen Ungarns die Krone des hl. Stephan, die ihr in ihrer ganzen und vollen apostolischen Bedeutung das ganze Leben vom Tage ihrer Krönung zu Stuhlweißen-

---

*) Gerbert, Taphographie IV. Tafel X.
**) Das in gotischem Stile kunstreich ausgeführte Grabdenkmal der Königin Anna, der Gemahlin Rudolf I. von Habsburg in Basel fällt laut seiner Kunsttypen in die Zeit, in welcher die kunstliebende Königin Agnes am Grabe ihrer väterlichen Elter=Mutter zu Basel einen Altar erbaute und Johann von Canbern als Kaplan dabei hielt.

burg bis an ihr Lebensende in hellstem reinsten Glanze vor-
geschwebt!

Der Königin-Witwe Agnes Leichnam der nach der Aufhebung von Kloster Königsfelden (1528) lange in einem zu
profanen Zwecke verwendeten Gebäude gelegen, wurde 1770
auf Wunsch der großen Kaiserin-Königin Maria Theresia
zusamt den übrigen irdischen Resten der zu Königsfelden
und Basel zur ewigen Ruhe bestattet gewesenen Mitglieder
des erlauchten Hauses Habsburg nach dem benachbarten
Benediktinerstifte St. Blasien im Schwarzwalde übertragen
worden, wurde aber nach Aufhebung auch dieses letztgenannten
Klosters und da Österreich die sog. Vorlande verloren (1805)
zusamt den übrigen Leichnamen in das von Kaiser Franz I.
den gelehrten Blasianern eingeräumte Benediktiner - Kloster
St. Paul im Lavantthale, dem „Paradiese Kärntens" gebracht.
Hier werden diese ältesten irdischen Reste aus dem habsburgischen Stamme in der schönen großen Stiftskirche in einem
geschlossenen Monumente getreulich bewahrt, wo noch vor
kurzem (1895) Abt Alexander Duda und Konvent, hocherbaut
und tiefergriffen, den leider so bald darnach, zur allgemeinen
Trauer Österreich-Ungarns, in erster Linie seiner Allerhöchsten
und Höchsten Angehörigen durch plötzlichen Tod dahingerafften
allgeliebten Erzherzog Ladislaus, Sohn Sr. K. u. K. Hoheit des durchlauchtigsten Herrn Erzherzog Josef, Oberkommandant der k. ung. Landwehr und Höchstseiner Gemahlin Ihrer K. u. K. Hoheit der Durchl. Frau Erzherzogin
Clotilde die von dem liebenswürdigen Jünglinge so sehn-
süchtig erwartete Andacht am Grabe der Vorfahren pietät-
voll verrichten sahen!

# In den Tagen des Ladislaus Posthumus und Mathias Corvinus.

❦

War den großen Erwartungen, zu welchen die Berufung des Habsburgers Herzog Albrecht V. (Kaiser Albrecht II.) auf den ungarischen Thron (1437) berechtigt hatte, zwar durch dessen frühzeitigen Tod ein rasches Ende bereitet worden, so trat doch nicht allzulange darnach der Habsburger, Kaiser Friedrich III. als Vetter und Vormund des nachgeborenen Sohnes Albrechts und seiner Gemahlin Elisabeth, des jugend=lichen Königs Ladislaus, Posthumus, in die nächsten, wenngleich vielumstrittenen Beziehungen zu Ungarn.

Und mit dem Kaiser dessen Gemahlin, die von allen Zeitgenossen und der Nachwelt gleich gefeierte Mutter des „letzten Ritters" die ebenso schöne als geistvolle mit allen Tugenden reichausgestattete Donna Leonor von Portugal.

Bei dem entscheidendsten Schritte ihres Lebens, als diese hochgemutete Fürstin dem in seiner langjährigen Regenten=laufbahn vielgeprüften Monarchen in der ewigen Roma die Hand am Altare gereicht, und zugleich daselbst dann aus den Händen des hl. Vater die Kaiserkrone empfangen, war es der junge König aus dem Ungarlande, der sie einmal als Brautführer am 16. März 1452 zur feierlichen Trauung und am Sonntag darnach (am 19. März) zur Krönung nach dem Dome zu St. Peter geleitete und in diesen prunkvollen

Festzügen neben der reizenden Erscheinung der Braut und
Kaiserin nicht minder als diese selbst die Blicke von Tausenden
und aber Tausenden an sich fesselte.

Über Neapel, wo Leonors geliebter Oheim König Alphons
dem Kaiserpaare und dessen Begleitung zu Ehren eine Reihe
von herrlichen Festen veranstaltete, über Dalmatien, wo die
Kaiserin die Merkwürdigkeiten von Zara besichtigte und über
Venedig, wo sie mit dem ihr inzwischen vorausgeeilten kaiserlichen Gemahl wieder zusammentraf und ihr des greisen Dogen
Foscari Gemahlin mit 200 reichgeschmückten Patricierinnen
eine glänzende Ovation bereitete, über Kärnten, wo Gieß-
bäche das Fortkommen hinderten und über Obersteier langten
Friedrich, Leonor und der junge Ladislaus am 19. Juni in
der „allzeit getreuen" Neustadt an, in der lieblichen Stadt
„mit den herrlichen Anlagen von Wasserleitungen und künst-
lichen Springquellen mit den grünen Wiesenteppichen und
lachenden Fluren ringsum, die des Kaisers Geheimschreiber
Aeneas Sylvius (nachher Papst Pius II.) in einem seiner
Briefe mit den Gärten der Hesperiden verglichen, und wo
in der wohlummauerten Burg die gütige Kaiserin den jugendlichen Ungarkönig mit wahrer Mutterliebe umgab.

Alsbald aber nach der Rückkehr der Majestäten rückte
die Heeresmacht jener Empörer an die Residenz Friedrichs
heran, die ihm sein Mündel König Ladislaus zu entreißen
kamen. Wenige Tage vor der Einschließung Neustadts mußte
die Kaiserin nach Steiermark fliehen und dort in der Berg-
stadt Leoben solange Aufenthalt nehmen bis wieder der
Wunsch des Kaisers sie im Spätherbst desselben Jahres nach
Wiener Neustadt zurückberief. An ihrer Seite fand Friedrich
Trost für das traurige Geschick, daß ihm die Empörer den
jungen Ladislaus mit Gewalt abgedrungen.

Mit dem 1457 eingetretenen Tode des jungen Königs
Ladislaus war die habsburgische ältere (die eigentliche öster-

reichische) Linie in Ungarn und Böhmen erloschen; nach ihm nahm nun die jüngere (steiermärkische) Linie unter Kaiser Friedrich III. die erledigten Kronen, also auch die des hl. Stephan, in Anspruch.

Die Mehrzahl der ungarischen Stände vereinigte jedoch die Wahl auf das Haupt des kraftvollen 16jährigen Jünglings Mathias Corvinus, der aus dem Gefängnisse den Thron bestieg und bekanntlich nicht nur gegen den Kaiser die Rechtmäßigkeit seiner Wahl behauptete, sondern demselben auch in mehrmals erneuerten Kämpfen den größten Teil der österreichischen Erbländer entriß und sie bis zu seinem Tod behielt.

Doch Ende der 60er Jahre erschien es Mathias trotz allem als eine Lebensfrage,*) den Kaiser von dem Anschlusse an seine Feinde abzuhalten und ein gutes Verhältnis zu ihm herzustellen. Um Friedrich hinsichtlich seiner Aufrichtigkeit und Anhänglichkeit vollständige Sicherheit zu bieten, ent=schloß sich Mathias um die Hand der einzigen Tochter des Kaisers, der Erzherzogin Kunegunde anzuhalten, obwohl dieselbe erst fünf Jahre zählte und ihm dieses Ehebündnis, da er hierdurch seine Aussicht auf Gründung einer Familie in eine ungewisse Zeit hinausschob, als das größte Opfer erscheinen mußte. Mathias kam als Braut=werber selbst nach Wien 1470 und hielt am 11. Februar einen Einzug in der Hauptstadt Österreichs, in deren Mauern er vor zwölf Jahren als Gefangener geweilt, an der Spitze von 1500 reich ausgerüsteten Reitern; er entfaltete große Pracht, empfing hier einen aus Italien zurückkehrenden Ge=sandten, der ihm u. a. Löwen als Geschenk der florentinischen

---

*) Fraknoi, B. Dr.: Mathias Corvinus König von Ungarn. Deutsch Freiburg i. B. Herder 1891, p. 151 ff. — ein Prachtwerk ersten Ranges nach Inhalt und Form.

Republik mitbrachte, zeigte seine Gewandtheit in ritterlichen
Spielen, führte ungarische Tänze auf und fuhr mit dem
Kaiser durch die schneebedeckten Straßen Wiens Schlitten
u. s. w. u. s. w. ⏑

Die Verhandlungen nahmen anscheinend einen günstigen
Verlauf: der Kaiser erklärte sich bereit, Mathias die
Hand seiner Tochter zu gewähren und sollte die Ver=
mählung nach Ablauf von 10 Jahren erfolgen; für
den Fall, daß Friedrichs einziger Sohn Maximilian ohne
männliche Erben stürbe, würden, wie der Kaiser dem Ungar=
könig versicherte, seine sämtlichen Länder auf letzterem über=
gehen. Sie kamen auch überein, daß sie beide zugleich, im
Juni, auf dem deutschen Reichstage erscheinen sollten, um hin=
sichtlich der römischen Königswahl, der böhmischen und türkischen
Kriegsangelegenheiten die nötigen Vorkehrungen zu treffen.
Alles schien ins reine gebracht, so daß Mathias kein Hehl
mehr aus seiner Freude machte. „Nun sei er mit dem Kaiser
ein Leib und eine Seele“ äußerte er zu dem Mailänder Ge=
sandten. Der venetianische Gesandte erhielt die Weisung, die
Glückwünsche der Signoria zur Verlobung darzubringen. All
dies zerstob jedoch gleich dem schimmernden Bilde der Fata
Morgana. Der Kaiser verschob die Ratifikation und die Ver=
öffentlichung der gefaßten Beschlüsse von Tag zu Tag, so
daß schließlich der Ungarkönig die Geduld verlor und ohne
Abschied zu nehmen Wien verließ, am 11. März, eben einen
Monat nach seiner glanzvollen Ankunft! Auf die Kunde, daß
Mathias sein bereitgehaltenes Schiff zur Fahrt nach Preß=
burg bestiegen, erschien der Kaiser zu Roß am Donauufer,
um ihn zur Rückkehr zu bewegen, doch vergebens, das Schiff
war von dem hohen Wasserstande bereits vom Ufer weit weg
getrieben.*) Hiermit waren die Heirats= und Erbschaftsver=

---

*) Fratnói, l. c. (nach Aufzeichnungen im Dresdener Archiv).

handlungen jählings abgebrochen, mehrfache spätere Versuche, den zerrissenen Faden neu zu knüpfen, blieben fruchtlos.

Mathias, nachdem er nacheinander und manchmal sogar nebeneinander den Plan gehabt, sich aus dem Hause der Habsburger, Jagellonen, Hohenzollern und Sforza eine Gattin zu wählen, führte endlich die neapolitanische Königstochter, Diva Beatrix, wie sie auf der in Paris*) befindlichen Marmor= büste genannt erscheint, und um die er im Sommer des Jahres 1474 durch seine nach Neapel gesandten Botschafter den Erz= bischof von Kalocsa und Nikolaus Banffy angehalten hatte, als Gattin heim.

Kunegunde, die ziemlich jung ihre Mutter verloren und vom Kaiser, ihrem Vater, der unterschiedliche große Reisen dem Reiche zum Besten thun mußte, an den verwandten Hof des Herzogs Sigmund von Tyrol nach Innsbruck gesandt war, lernte den „schönen, langen, wohlberedten und witzigen" Herzog Albert von Bayern kennen. „Dieser ließ bald seine Augen auf Kunegund schießen, nahm in acht nicht allein die schöne Leibsgestalt der Erzherzogin, sondern betrachtet auch, wie mit adeligen Tugenden ihre Seele geziert war, daß sie gleichsam mit ihrem Schein nicht anders in seinem Herzen alle andern Schönheiten verdunkelt als wie die Sonne die niedern Sterne und Planeten." Die in solcher Schönheit des Leibes und der Seele erblühte 22jährige Erzherzogin reichte dem Bayern= herzog am 1. Januar 1487 die Hand zum Bunde fürs Leben zu Innsbruck „in Eil," wie die Chronik beifügt, da der Kaiser gegen den Bayernherzog gesinnt gewesen, der aber doch schließ= lich die bereits eingegangene Ehe bewilligte.**)

Nach des Mathias Corvinus Hinscheiden — unter welchem Könige Ungarn ein „goldenes Zeitalter" erlebt hatte — sank

---

*) In der Sammlung des Herrn Dreifuß. — Fratnól. l. c. p. 182.
**) Gans, Österreichisches Frauenzimmer. Cöln (1638), p. 85 ff.

die Kraft des Ungarreiches unter dem von den ungarischen Ständen auf den Thron berufenen König Wladislaw von Böhmen. War dieser durch die Unterzeichnung einer Kapitulation über seinen Nebenbuhler um die Krone des hl. Stephan, über Kaiser Friedrich III. Sohn Erzherzog Maximilian von Österreich, der sich als weiblicherseits aus ungarischem Königsblute stammend beklarierte und laut seiner Selbstbiographie im „Weißkunig" auch selbst der ungarischen Sprache mächtig gewesen,*) Sieger geblieben, so gelang es Maximilian, nicht nur die durch Mathias Corvinus eroberten österreichischen Lande seinem Hause wieder zu verschaffen, sondern auch durch den mit Wladislaw zu Preßburg (1491) geschlossenen Frieden die Aussicht auf die Nachfolge des Hauses Habsburg in Ungarn für den Fall des Erlöschens des neuen böhmisch-ungarischen Mannesstammes zu eröffnen.

Um diese Aussicht noch mehr zu befestigen, bereitete der weise König eine Wechselheirat zwischen dem österreichischen und dem ungarisch-böhmischen Hause vor, die dann der glanzvolle „Wiener Kongreß von 1515" — die Grundsteinlegung der Größe Österreichs in der Geschichte genannt — in beglückendster Weise zur Wahrheit machte.

---

*) Szálay l. c. III. 2. p. 118 ff.

# Der Wiener Kongreß 1515.

Die vom „weisen König" ins Auge gefaßte Verbindung des damals neunjährigen ungarischen Prinzen Ludwig mit Kaiser Maximilian I. Enkelin, der 10 jährigen Maria und eines der Enkel Maximilians entweder Karls (Karl V.) oder Ferdinands (Ferdinand I.) mit Ludwigs 12 jähriger Schwester Anna war es, die neben vorbereiteten anderwärtigen politischen Besprechungen Mitte Juli des Jahres 1515 die Könige Wladislaw von Ungarn und Böhmen und dessen Bruder, den König Sigismund von Polen nach dem herrlichen Wien geführt zur Zusammenkunft mit dem „letzten Ritter", die dann auf das Glanzvollste statthatte.*)

Kaiser Max, dem der schwäbische Bund von Augsburg her eine ansehnliche Geleitschaft von 600 Fußknechten, die schönsten, größten und stärksten Männer, alle in Rot gekleidet, mitgegeben und dem überdies mehrere Fürsten und Reichsstädte Haufen von Reisigen, berittene Mannschaft, insgesamt festlich ausgerüstet, zugeschickt, hatte die Herzoge von Bayern und Braunschweig, von Württemberg und Mecklenburg, den Markgrafen von Brandenburg, zahlreiche Bischöfe und Prälaten des Deutschen Reiches, dazu viele Grafen, Ritter und Edle desselben als Gäste geladen, die alle jetzt nach der heitern

---

*) Der Wiener Kongreß vom Jahre 1515 von Joh. Georg Oehler. Wien 1816.

Donaustabt gezogen kamen, um an dem seltenen Feste Teil zu nehmen.

Des Kaisers Schatzmeister hatte den Auftrag, an köst= lichen Kleinobien, Gold= und Silbergeschirren, goldenen Zeugen, Scharlachtüchern, Sammet, Damast und anderen Seidenwaren von allen Sorten und Farben in Hülle und Fülle bereit zu halten, die zu Geschenken an die fürstlichen Gäste bestimmt waren.

Die Festlichkeiten teilte das Programm in 1. das erste Zusammentreffen des Kaisers mit den Königen und deren Begleitung, 2. den feierlichen Einzug in Wien und 3. das Fest der Vermählung.

## 1. Das erste Zusammentreffen.

Am 15. Juli verfügte sich Kaiser Max in das unweit Wien gelegene Schloß Trautmannsdorff*) und ließ die Mon= archen, von denen der König von Ungarn inzwischen in Bruck an der Leitha, und der König von Polen in Hainburg angekommen waren, zu sich laden. Als Ort des ersten feier= lichen Zusammentreffens war eine Wiese auf einem Hügel bestimmt in der Nähe des Waldes „an der Hart" genannt. Hier war ein großer Baum aufgepflanzt worden, der die zur Begegnung bestimmte Stelle bezeichnete. Kaiser Max ward zu diesem Orte in einer mit rotem Sammet ausgeschlagenen Sänfte getragen, welcher zunächst der Kardinal von Gurk, die Bischöfe von Regensburg, Passau und Seccau und die Herzoge von Bayern und Mecklenburg vorangingen und die Gesandten der Könige von Spanien und England folgten; hinter dem kaiserlichen Hofmarschall ritt der in Goldstoff und Scharlach gekleidete Markgraf Casimir von Brandenburg. Aus der Zahl

---

*) Im 18. Jahrhundert Eigentum des Fürsten FM. Karl Graf Bathlany.

der in des Kaisers unermeßlichem Zuge — man zählte an
3000 Personen — mitreitenden Grafen fielen besonders die
Erscheinungen der Grafen von Montfort, Schaumberg,
Mannsfeld, Westerburg und Harbegg auf; der letztere
war nebst seinem Pferde so reichlich mit Gold, Perlen und
Edelsteinen geschmückt, daß er in höchster Pracht glänzte und
nach dem Berichte eines Augenzeugen, des Richard Bartholin,
Kaplan des Kardinals von Gurk, seine und seines Pferdes
Rüstung einen Wert von 3000 Dukaten darstellte.

Der Zug der Könige von Ungarn und Polen war
aber durch Pracht wie durch Originalität ganz besonders ausgezeichnet.

Diese fremden Völker boten ein seltsames, nie vorher ge-
sehenes Schauspiel dar, sowie das sonderbare Musizieren einen
ungewöhnlichen Eindruck auf die Ohren machte. Einige von
ihnen führten seltsam gestaltete weite Trompeten, die einen
Schall wie die Wespen und Hummeln im Sommer von sich
gaben; andere hatten Instrumente mit einem scharfen durch-
bringenden Ton. Ein deutscher Beobachter des Zuges, ein
Fugger, sagt: „Es war auch ein Türk dabei, der machte mit
einer großen Sackpfeife (Dudelsack) ein abgeschmacktes Geliel,
und sein Junge mußte mit beiden Fäusten die Trommel
schlagen, was bei diesem königlichen Einzuge einen kurzweiligen
Bauernaufzug abgab." Doch dieses Intermezzo schmälerte
keineswegs die Pracht und Schönheit des Ganzen. Einem
Trupp Husaren mit roten und weißen Fähnlein an ihren
Spießen folgten viele vornehme Ungarn, mit goldenen Ketten,
stattlichen Kleidern und deren Pferde mit gar kostbarem Reit-
zeug geziert. Nun ritt der 9jährige König Ludwig auf
einem schönen, herrlich geschmückten Pferde, in goldburchwirktem
Scharlachgewande mit fliegendem Haare und einem Barett
— einem viereckigen Sammethute — auf dem Haupte. Neben
ihm ritten ungarische und böhmische Herren. Es folgte seine

Schwester, Prinzessin Anna, in einem breiten Wagen, der mit Vergoldungen und Malereien geschmückt war und von

Aus dem Werke: „Die österr. ung. Monarchie in Wort und Bild."

acht Schimmeln gezogen wurde; ihr Kleid bestand aus Gold-stoff und war mit Perlen und Edelsteinen gestickt; sie hatte

koftbares Armgeschmeide und anderen Schmuck an sich. Neben
dem Wagen ritten viele Herren vom Abel. Unmittelbar hinter
ihr kam König Sigismund I. von Polen in Scharlach
gekleidet mit einem seidenen Hute auf dem Haupte. Er war
von vielen polnischen Herren zu Fuß umgeben, die in ihrer
so kleidsamen Tracht erschienen waren. Nun wurde König
Wladislaw von Ungarn in einer Sänfte von schönen
Pferden einhergetragen; die Sänfte war mit rotem Sammet
überzogen, die Pferde waren mit ebensolchen Decken behängt,
und die Knaben, die sie führten, auf ähnliche Art gekleidet.
Das Ganze war ein Geschenk des Kaisers Maximilian. Neben
der Sänfte gingen zu beiden Seiten ungarische Prälaten und
Magnaten einher. Der Kardinal von Gran, der Erzbischof
von Kalocsa, zwei andere ungarische und mehrere polnische
Bischöfe, der Fürst der Wallachai, viele Reichsräte, Palatine,
Wojwoden und andere vornehme Herren bildeten den Schluß.

Als die Monarchen bei dem bezeichneten Baume ankamen,
näherten sie sich einander, doch so, daß sie die Pferde, Wagen
und Sänften nicht verließen, was wegen der Gebrechlichkeit
des alten Königs von Ungarn so veranstaltet worden, nur
die Dächer der Sänften wurden freier gemacht.

Die Begrüßung fand in der herzlichsten Weise statt und
das deutsche historische Lied*) des Augsburgers Erasmus Amon
singt davon:

> Der Kaiser bot sein Hand so ser
> dem jungen Kunig von Unger**)
> darnach der jungen Kuniglin rein
> dem Kunig von Polen also sein
> und darnach schon dem alten Kung
> unabgestanden so gering***)
> redt er mit in ain lange zeit.

---

*) Lillencron, die histor. Volkslieder der Deutschen. III. p. 165 ff.
**) War schon 1509 gekrönt.
***) Ohne abzusteigen im Kreise herum.

Der junge König Ludwig grüßte den Kaiser
Maximilian ehrerbietig und sagte: „Ich grüße Euere
Majestät als meinen Vater und Herrn." Die Prin-
zessin Anna „stand im Wagen auf, grüßte den Kaiser
und erfreute ihn mit adeligen Worten, Blicken und
Geberden."

Der zeitgenössische Berichterstatter, der schon genannte
Kaplan des Kardinals von Gurk, war von dem Anblick dieser
Prinzessin so bezaubert, daß er von ihr eine begeisterte Schilderung entwirft. „Sie kam mir so schön vor — sagt er —
daß ich glaubte, sie habe Pallas Athene und Venus an Reizen
übertroffen. Sie hatte ein deutsches, über alle Beschreibung
zierliches Gewand an. Ihre goldene Kopfzierde umschlossen
drei künstlich gereihte Kränzchen; das üppige Haar hing über
den Nacken, wallte über die faltige Halskrause, war am Ende
gelockt und wurde manchmal von leichten Lüftchen bewegt,
daß man ihren elfenbeinern schimmernden Nacken sehen konnte.
Ihre Augen sind licht, aber so schön, daß, wenn sie sich öffnen
oder schließen, man etwas Himmlisches zu sehen glaubt; zwei
Sterne, zwei glänzende Sonnen, welche die Zuschauer blenden.
Ihr Gang ist stattlich, lebhaft und anmutig wie sie spricht,
so scheinen aus ihrem Munde nicht Worte, sondern Nektar
und Ambrosia, oder wenn es sonst noch etwas Süßeres giebt,
hervorzuquellen. Und was sehr erwünscht ist, sie ist bereits
mannbar*), schon ist die Blume der Liebe zu pflücken, die
zwar noch frühzeitig aussieht, aber wenn sie den Morgentau
wird eingesogen haben, wird sie sich entfalten und herrlich
heranreifen. Man weiß noch nicht, ob der Kaiser selbst diese
Prinzessin nehmen oder sie einem seiner Enkel überlassen wird."**)

---

*) Prinzessin Anna zählte jetzt 13 Jahre.
**) Wirklich wurde dem Kaiser, ob in Scherz oder Ernst bleibe dahin-
gestellt, Prinzessin Anna zur Gemahlin angetragen, doch er antwortete

Nach dieser ersten Zusammenkunft wurde eine Jagd ge=
halten, wobei der Kaiser einen Hirsch fing und zum Könige
von Polen sagte, er wolle ihn einst in seinem Königreiche
besuchen, um dort mit ihm auf Auerochsen zu jagen.

Gegen Abend rückte Wladislaw nach Schloß Trautmanns=
dorff, der König von Polen nach Enzersdorf, der Kaiser nach
Laxenburg. An der Stelle der denkwürdigen Zusammenkunft
wurden drei Rüstenbäume gepflanzt, die sich noch bis auf unsere
Zeit frisch erhielten.

## 2. Der feierliche Einzug in Wien

erfolgte tags darauf, am 17. Juli, und es waren die Wiener
auf ¼ Meile dem Anrücken der Fürstlichkeiten und ihrer
Gefolgschaften entgegengegangen, darunter 1500 Bürger und
Bürgersöhne, alle rot gekleidet; sie machten ein auserlesenes
Fußvolk aus, hatten glänzende Brustharnische, eiserne Arm=
schienen und Seitengewehre, waren teils mit Lanzen und
Hellebarden, teils mit Feuergewehr bewaffnet, und hatten
wegen ihres schönen gleichförmigen Anzuges und der guten
militärischen Ordnung, in der sie ausrückten, ein recht statt=
liches Ansehen. Der gelehrte Zeitgenosse Cuspinian sagt, daß
diese Bürgermiliz lange vorher ausdrücklich wegen dieses Festes
zu stande gebracht worden.

Die Schulknaben, die gleichfalls entgegenkamen, trugen
mit österreichischen, ungarischen, polnischen u. a. Wappen ge=
zierte Fähnlein.

Den Schluß dieser feierlichen Einholung bildeten die
60 Zünfte der Wiener Handwerker, alles in allem mehrere
Tausende Menschen.

Man war bis Schwechat entgegengerückt, wo die Mon=

---

er wolle eine so liebenswürdige Prinzessin nicht zur frühzeitigen Witwe
machen.

archen des Morgens 5 Uhr eintrafen; von da ging der ver=
einigte Zug in die Stadt Wien. Beim Eintritte in die viel=
liebe „Stadt der Rosen und der Lieder" erregten das allge=
meinste Interesse der in den Gassen und Straßen harrenden
Menge im allgemeinen, so auch der schönen Wienerinnen ins=
besondere, die dichtgedrängt an Fenstern und in Erkern dem
Zuge zusahen, die Scharen der fremdartigen Erscheinungen
der Ungarn und Polen und der Gäste aus dem „heiligen
römischen Reiche Teutscher Nation".

Da kamen eine Menge Husaren mit bedeckten Pferden,
die moskowitischen Bogenschützen und die Tataren mit ihrer
seltsamen Musik, die Ungarn, von denen ein Teil türkisch
gekleidet war; sie hatten „Kunstpferde" an der Hand und
waren im stande während starken Reitens sich von
einem Pferd auf das andere zu schwingen, daran
schlossen sich die Polen und übrigen ausländischen Reisigen;
es folgte der Hofstaat der Könige von Ungarn und
Polen, Bischöfe, Fürsten, Grafen und Edelleute bunt durch=
einander, unter ihnen befanden sich viele junge Leute, deren
Ärmel ganz mit Perlen überstickt waren. Dem Geschwader
der polnischen Reiter und anderer Reisigen folgten wieder
Husaren mit ungarischen Trompetern. König Sigismund
von Polen und der junge Ungarkönig Ludwig erschienen
zu Pferd, Kaiser Max und König Wladislaw in Sänften;
die Prinzessin Anna „fuhr — wie das deutsche Volkslied
sang — in einem gulbin wagen", in dem achtspännigen
Prachtwagen, dem „ihr Frauenzimmer" in einem vergoldeten
sechsspännigen und vier vierspännigen „Gutschi" = Wagen
(Kutschen) folgte. Den Nachzug bildeten 800 Reiter des
Markgrafen von Brandenburg. Der ganze Zug bestand aus
3500 Reitern und einer zahlreichen Begleitung zu Fuß. Nach
dem weihevollen Empfange seitens des Bischofes von Wien
vor dem altehrwürdigen Dome zu St. Stephan begab sich der

Kaiser mit dem Könige von Ungarn in die Hofburg, während der König von Polen sein Logis im sogenannten „Hasen= hause" hatte.

Noch nie waren vordem in Wien so viel Monarchen und Fürsten, so verschiedenartige Nationen in ihren eigentümlichen Trachten und Waffen, in solcher Menge und solcher Pracht gesehen worden, als diesmal und so war auch der Zulauf des Volkes aus allen Gegenden unermeßlich, das da gekommen war mitanzusehen dieses seltene und prächtige Schaugepränge!

### 3. Das Fest der Vermählung.

Am 18. Juli war Ruhetag; Kaiser Maximilian teilte unter seine Gäste kostbare goldene Stoffe und andere Ge= schenke aus.

Der Vormittag des 19. war einer großen Beratung in der Hofburg gewidmet. Für die drei Monarchen waren drei Throne aufgerichtet; auf der einen Seite dieser Throne saßen der junge König Ludwig, der spanische und englische Bot= schafter, die Bischöfe, die ungarischen und polnischen Minister, auf der andern Seite die Reichsfürsten und kaiserlichen Räte. Die ganze Versammlung bestand aus mehr denn 100 Per= sonen, und galt die Beratung der Vorbereitung eines gemein= samen großen Unternehmens gegen den Erbfeind der Christen= heit, den Türken, das Kaiser Maximilian in einer einstündigen lateinischen Rede als eine gemeinsame Angelegenheit ganz Europas erklärte, und wobei er die Könige sowie die durch ihre Gesandten vertretenen Staaten von Spanien und England, die Fürsten und Städte des Deutschen Reiches zu gemein= samen Vorgehen ermahnte. Des Kaisers Rede wurde von allen Anwesenden bewundert und erwarb Maximilian die allgemeinste Verehrung.

Am Abend war Hofball. Die Könige brachten jeder 50 Personen mit, wovon die eine Hälfte zum Tanzen, die andere aber zum Zusehen bestimmt war. Sonst waren noch die fremden Fürstlichkeiten und andere vornehme Personen dazu geladen. Um 6 Uhr abends verfügte sich der Herzog von Bayern mit anderen Herren in das Haus des Grafen von Cilli — an Stelle des heutigen nach Kaiser Josef I. Gemahlin der Kaiserin Amalie so benannten „Amalienhofes", eines Traktes der gegenwärtigen k. und k. Hofburg — wo des Kaisers Enkelin, die Infantin Maria von Spanien ihre Wohnung hatte, um sie nebst ihrem zahlreichen Gefolge von Kavalieren, Damen und Fräuleins zum Tanze abzuholen. Die Prinzessin Maria zählte jetzt 10 Jahre und erschien mit königlichem Schmucke angethan. Sobald sie in den Saal trat, grüßte sie ihren kaiserlichen Großvater und die übrigen hohen Gäste mit vielem Anstand und ließ durch den Probst von Waldkirch eine Rede an die Könige und an ihren Bräutigam, den jugendlichen König Ludwig halten, welche Ansprache durch den Bischof von Premislau erwidert wurde.

Nach dieser Ceremonie begann unter Trompetenfanfaren der Tanz. Den ersten Reihen führte Ludwig mit seiner Schwester Anna; die Grafen von Mannsfeld und Westerburg, Markgraf Casimir und der Herzog von Mecklenburg machten die Vortänzer unter Vortragung von Fackeln — es war der im Mittelalter gebräuchliche Fackeltanz, der sich bekanntlich am deutschen Hofe noch bis heute erhalten hat. Den zweiten Reihen führte der Herzog Wilhelm von Bayern mit der Infantin Maria, welchen die Grafen von Henneberg und Rottal mit Wachsfackeln vortanzten. Den dritten Reihen führte abermals der jugendliche König Ludwig mit der Obersthofmeisterin seiner Braut, der Frau von Rottal. Hierauf tanzten die übrigen Fürsten, Grafen und Herren bis 10 Uhr.

Nachdem die nächstfolgenden zwei Tage wieder Beratungen politischer Natur gewidmet waren brach der Morgen des Vermählungstages des 22. Juli an.

Vorerst ward die ungarische Prinzessin Anna in die Ratsstube geführt, wo ihr der Kaiser eine goldene Krone aufs Haupt setzte — worüber ihr alter Vater vor Rührung in Thränen ausbrach — und sie dann mit einem kostbaren Kranz von Perlen und Edelsteinen beschenkte.

Nach dieser rührenden und erfreuenden Einleitung bewegte sich der feierliche Zug der Fürstlichkeiten und ihres Gefolges nach dem Dom zu St. Stephan zur Vermählung. Der Kaiser, der König von Polen und der königliche Bräutigam waren zu Pferd, Wladislaw in der Sänfte, die beiden Bräute in Prachtwagen, alle waren von einem zahlreichen Adel begleitet.

Der Kaiser hatte die ganze Kathedrale „mit niederländischen Tapeten" (Gobelins) behängen lassen; vornehmlich prächtig war der Chor vor dem Hochaltare ausgeschmückt; die Chorstühle zu beiden Seiten waren mit Goldstoff ausgeschlagen und mitten im Chor waren zwei prächtige Stühle für die Prinzessinnen errichtet und „mit golbenen Tapeten" (Teppichen) bedeckt worden.

Maximilian erschien in Goldstoff gekleidet, darüber trug er einen rotsammetenen langen Mantel, um den Hals schmückte ihn der Orden vom goldenen Vließ mit Edelsteinen besetzt; auf dem Haupte hatte er ein rotsammetenes Barett, das mit einem kostbaren Kleinod geziert war, worin ein großer Diamant erglänzte. Cuspinian schätzt seinen Anzug auf eine Million in Gold. Die Könige hatten kostbare Kleider von Goldstoff an, die ihnen Maximilian als Geschenke verehrt hatte. Alle übrigen Herren und Damen erschienen in der höchsten Pracht der damaligen Zeit.

Die Monarchen und die übrigen Fürstlichkeiten nahmen die rechte Seite des Chores ein. In der Mitte saßen an ihren Betstühlen die beiden Prinzessinnen von ihrem vornehmen Gefolge umgeben. Auf der linken Seite befanden sich zwei

Karbinäle, zwei Erzbischöfe, zwei Bischöfe und mehrere Prä=
laten. Noch nie war vorher eine solche Versammlung von
weltlicher und geistlicher Hoheit im St. Stephansdome bei=
sammen gewesen. Der Bischof von Wien, Georg Slatkojna,
ein gebürtiger Krainer, hielt das feierliche Hochamt, wobei die
kaiserliche Kapelle sich „mit lieblicher Musik" hören ließ. Nach
dem Hochamt erhob sich der Kaiser von seinem Sitze, um sich
umkleiden zu lassen. Nach der unterdessen gehaltenen Predigt
des mehrgenannten Kapellans des Karbinals von Gurk ver=
fügte sich Maximilian im kaiserlichen Ornate mit der Krone
auf dem Haupte unter Vortragung vom Reichsapfel, Schwert
und Scepter wieder in den Chor. Hier ließ er sich mit
Anna, der Tochter des Königs von Ungarn für einen seiner
zwei Enkeln, Carl oder Ferdinand, durch den Karbinal von
Gran trauen. Bei dieser hl. Handlung redete Maximilian
die Prinzessin also an: „Wiewol wir jetzt Euer Liebden das
Wort gegeben, daß Ihr unsere Gemalin sein sollet, so ist doch
solches geschehen im Namen unserer beiden Enkel und in der
Meinung, Euer Liebden an einen von denselben zu vermählen,
dem wir Euch auch hiermit ehelich versprechen. Und weil
mein Enkel Karl die Königreiche Castilien und Aragonien,
sein Bruder Ferdinand aber das Königreich Neapel zu erben
und zu erwarten hat, so erklären und nennen wir hiermit
Euer Liebden eine Königin und wollen Euch zu einer solchen
gekrönt haben." Bei den letzten Worten setzte ihr der Kaiser
eine goldene Krone auf das Haupt. Hierauf erfolgte durch
denselben Karbinal die wirkliche Vermählung des
Königs Ludwig mit Maria, der Enkelin des Kaisers.
Sodann schlug der Kaiser eine Anzahl Adeliger zu „goldenen
Rittern".

Beim Hochzeitsmahl in einem mit Gobelins — herrlichen
Tier= und Jagdstücken — reich ausgestatteten Saale der Hof=
burg, gab es mehr als 300 Trachten köstlichster Speisen und

die besten Weine des Weltteils wurden hierbei kredenzt. An den dem Vermählungstage zunächst vorangegangenen und nach= gefolgten Tagen wurden an die Fürstlichkeiten und an die Bischöfe von einer Reihe von jüngeren und älteren Rednern eine große Anzahl von Festreden gehalten. Auch die an der Wiener Universität zur Zeit studierenden und an dem regen wissenschaftlichen Leben dieser damals von jährlich an 7000 Studenten besuchten Hochschule teilnehmenden unga= rischen Jünglinge ließen durch einen eigenen Redner ihrem Hochgefühle der Freude gegenüber der Braut ihres jungen Königs Ludwig, der Erzherzogin Maria beredten Ausdruck geben, die uns noch heute in einem zeitgenössischen Drucke erhalten ist.*)

In den Tagen vom 23. bis Ende Juli drängten sich noch Festlichkeiten und Vergnügen aller Art, ein Turnier am Hof, ein Ball in der Burg, ein „Wettrennen von der Stadt Wien gegeben", bei dem die Pferde des Grafen Nikolaus von Salm den Preis, einen silbernen, vergoldeten Becher gewannen, goldene und silberne, eigens auf das denkwürdige Ereignis geprägte Schaumünzen gelangten zur Verteilung, weitere herrliche Geschenke wurden ausgeteilt, prächtige Pferde für den König von Polen und den jungen Ungarkönig, 200 Ellen Sammet und Damast für das weibliche Gefolge der Prin= zessin Anna u. a. m.

Mit der feierlichen Proklamation des Kongreßergebnisses in der Hofburg zu Wien am 28. Juli und mit der Unter= zeichnung des Einigungsbriefes der Monarchen in der Burg zu Wiener Neustadt am 2. August fand dieser Wiener Kongreß von 1515 sein Ende, jener Kongreß, der durch die Vermählung der Erzherzogin Maria mit Ludwig (II.) von

---

*) Schmitt=Tavera, Bibliographie des östr. Kaiserstaates. I. p. 108, Nr. 970.

Ungarn zunächst die Erhaltung Ungarns und im Ver-
laufe der Tage durch die Ehe der ungarischen Prinzessin
Anna mit dem Habsburger Kaiser Ferdinand I. die
fortdauernde Vereinigung von Ungarn, Böhmen,
Mähren und Schlesien mit den Erblanden Österreichs
zur Folge hatte!

# Königin Maria von Ungarn

und

## Königin Anna.

Maria war ir namen
ir lob ſtet weit erkant**)

Die 1515 zu Wien in kluger politiſcher Vorausſicht
vorläufig nur kirchlich vollzogene Vermählung der damals
noch im Kindesalter geſtandenen Erzherzogin Maria, der
Schweſter Kaiſer Karl V., der Tochter König Philipp I. des
Schönen und ſeiner Gemahlin, der Johanna von Kaſtilien
und Arragonien mit Ludwig von Ungarn, der im Reiche
der hl. Stephanskrone ſeinem Vater König Wladislaw, als
König Ludwig II. 1516 gefolgt war, wurde 1521 that-

*) Medaille mit den Bildniſſen Karl V. Ferdinand I. Maximilian II.
und Maria's. Aus dem Werke: Die Öſtr.-Ung. Monarchie in Wort
und Bild.
**) Aus: Ein newer Bergreim von Kunig Ludwig auß Ungarn.
Lilencron: Die hiſt. Volkslieder der Deutſchen. III. p. 562 f. Nr. 302a.

ſächlich zur Hochzeitsfeier der nunmehr 16 jährigen ebenſo üppig ‑ ſchönen als ernſten und ſtolzen Fürſtin des Hauſes Habsburg.

Ihr königlicher Gemahl legte ihr ein Brautgeſchenk von 20 Städten, von Gold‑ und Silberbergwerken, von reizenden Schlöſſern zu Füßen (2. Februar 1522).

Die Krönung der jungen Königin fand 1522 ſtatt und wurden für dieſelbe allein nur zur Bekleidung des Hofgeſindes 12000 fl. aufgewendet.*)

Königin Maria, der Inbegriff der Klugheit, Würde und Willenskraft, — wie ein neuerer Biograph, mein jüngſt erſt dahingeſchiedener Univerſitätsfreund Sacher‑Maſoch**) ſie kurz und treffend charakteriſiert — hatte auf ihres Gemahls leiden‑ ſchaftliche aber hingebende Natur bald einen größeren Einfluß genommen, als ihn zuvor ſein Erzieher, ſeine Räte ſeit Jahren hatten erringen können.

Dieſe Macht hätte ſie, wie natürlich wäre dies bei ihrer Jugend geweſen, dazu benutzen können, ihren Hof in ein orientaliſches Märchen zu verwandeln und ſo den Untergang des Reiches zu beſchleunigen, doch weit entfernt davon Mariens ganzes Denken und Fühlen hatten nur das eine Ziel: Ludwigs Staatsſchatz zu füllen, ſeine Feinde zu ſchlagen, ſeinen Thron zu befeſtigen. Seine Leidenſchaft für ſie, der er in jenen ihren edelſten Abſichten willig entgegenkam, ward aber noch weit erhöht durch den perſönlichen Mut, den ſie als Jägerin und Reiterin bethätigte durch den Beifall, den alle ritterlichen Übungen des ritterlichen Volkes der Ungarn bei ihr fanden.

„In keinem Hauſe des damaligen Europa — ſagt Sacher‑ Maſoch — hätte Ludwig eine Frau gefunden, welche taug‑

---

*) Deutſch, Geſchichte der Siebenbürger Sachſen. I. p. 203.
**) Ungarns Untergang und Maria von Öſterreich. Leipzig 1862. (Zum Teil nach Urkunden des k. k. Staatsarchivs in Wien) p. 42.

licher gewesen wäre, seine Gemahlin, der Magyaren Königin,
zu sein. Von Gefahren umgeben, ohne Mittel, ihnen zu be=
gegnen, seinen Untergang, wie den seines Reiches vor Augen,
hatte Ludwig bereits in  ſſeinem 20. Jahre graue Haare.
Maria gab ihm Mut und Hoffnung wieder. Die Staatsge=
ſchäfte gewannen für ihn mehr Reiz als Bankette und Schau=
ſpiele, seitdem er seine Gemahlin ſich lieber mit Staatsſchriften
als mit Poſſen, lieber mit Soldaten und Beamten als mit
Komödianten unterhalten ſah. Maria ſaß nicht bloß neben
ihm am Throne, sie saß an seiner Seite im Staatsrate, in
seinem Kabinette und zu Pferde. Mit ihm erledigte sie die
Angelegenheiten des Reiches, gab mit ihm Geſandten Gehör
und Beſcheid, erſchien mit ihm an der Spitze der Truppen.
Die Ungarn sahen mit Stolz ihre reizende Königin an ihren
Sitten, nationalen Paſſionen, Vergnügungen, dem Leben
eines Reitervolkes teilnehmen, während Maria ſich von der
reichen Tracht, wie von der ſtolzen Natur derſelben angezogen
fühlte.“

In ihrer Königsburg zu Ofen beſchäftigte sie sich mit
Vorliebe mit Leſen und Muſik, legte eine ziemlich reichhaltige
Bibliothek an und Handſchriften, welche sie beſaß, zählen jetzt
zu den größten Schätzen der burgundiſchen Bibliothek in
Brüſſel. „Es übte den entſchiedenſten Einfluß auf ihre Ent=
wickelung — meint ihr Biograph — daß unweit ihrer Ge=
mächer in der Königsburg die Trümmer der ſchönſten Biblio=
thek Europas aufgeſtellt waren, jener, welche Corvin und
seine feingebildete Gattin Beatrice von Neapel geſammelt
hatten. Sie enthielt außer den Klaſſikern Roms und Griechen=
lands einen Dante, Petrarca, Boccacio, Werke wie die gött=
liche Komödie, die Sonette an Laura, des Decamerons, mit
den reizendſten Miniaturen florentiniſcher Meiſter. Dieſelbe
Zeit, in welcher der italieniſche Schriftſteller ſich ſchon rühmen
konnte, er verdiene mit Feder, Tintenfaß und einem Buche

Papier spielend tausend Scudi, sah noch die deutsche Fürstin, die Königin von Ungarn ihre geistigen Genüsse aus verstaubten Manuskripten buchstabieren. Während im Norden das erste Buch geschrieben wurde, welches Jeder las: Luthers Bibelübersetzung, stand die Nationallitteratur Italiens auf ihrem Höhepunkt. Durch sie erschloß sich Maria von Ungarn jene Welt, welche von Alexander an jede große Natur gebildet und begeistert hat, die Welt des Perikles und Cäsar; diesen Geist atmen ihre Worte und Thaten, diesen Geist hauchte sie ihrem Gatten ein."

Ihre eminent staatsmännische Begabung bekundete aber Maria von Ungarn in hervorragendster Weise in dem Augenblicke, da ihrem Gatten durch Johann Zapolya, Wojwoden von Siebenbürgen die Macht aus den Händen gerungen war, ihr Stolz empörte sich dagegen, es könnte ihr Gemahl nur dem Namen nach König sein und so war sie fest entschlossen, einen Staatsstreich zu wagen. Ihre Bitte genügte, Ludwig dahin zu bewegen, seinen Aufenthalt nur für einige Wochen aus der Ofner Burg nach dem Schlosse Vissegrad zu verlegen . . . Maria war bereits Siegerin als ihr dies gelungen und sie ihren Gemahl dem Einfluß der Partei Zapolyas, dem Zauber von Ludwigs Liebling, des Erzbischof Szalkan entführt hatte. In Vissegrad trat nun durch ihre Vermittelung der gewesene Schatzmeister Alexis Thurzo, ein Parteigänger des königlich gesinnten Báthory, an den König heran, der ihm in lebhaften Farben schilderte, daß bei Fortdauer der Herrschaft von Zapolyas Partei die Krone des hl. Stephan bald weniger bedeuten würde, als der Hut eines Edelmannes und Ludwig es vorstellte, daß seine, Thurzos, Partei sich für ihn und gegen Zapolya verbündet hatte; er, der König, brauche nur die geheime Verbindung der Abenteurer (Kalandos) gut zu heißen und diese, die über Geld und Waffen gebieten, würden am nächsten Landtage die Macht Zapolyas stürzen und seine Ludwigs Macht wieder herstellen. Diese Auseinandersetzung wirkte auf die leicht erregbare Natur des Königs. Es folgte die Bestätigung der Gesellschaft „Kalandos" der Sturz Szalkans, die Absetzung des Palatins Verböczi durch den Beschluß der in Ofen versammelten Gesellschaft der Kalandos; mehr als 200 Kavaliere von großem An= sehen und Reichtum hatten vorher einen Vertrag stipuliert und das offene Auftreten der Partei Bathory=Thurzo auf dem Rákos. Verböczi entfloh nach Siebenbürgen und eine könig= liche Erklärung wurde verlautbart des Inhalts: „Auf den früheren Landtagen am Rákos und zu Hatwan habe der Adel das Ansehen und die Macht des Königs verletzt. Der König ver= zeihe dem Adel. Das Verbrechen falle nur auf Jene zurück, welche denselben bethört. Verböczi sei abgesetzt; Bathory wieder Palatin." Der Adel gab Antwort durch Jubelrufe auf den König und Verwünschungen gegen Verböczi. Die Vorlagen des Königs, die Verteidigung Ungarns gegen die Türken betreffend wurden angenommen. Marias Staats= streich war gelungen!

Und auch das weitere immer energischer sich weisende Vorgehen des Königs war von dem großen und kühnen Geiste Marias geleitet, so auch sein starres Ausharren auf dem letzten, die neuen Gesetzartikel beratenden Landtage an dessen Sitzungen die Königin Teil nahm und der vor allem zu der Erklärung führte: „Der König regiert nach dem Ge= setze frei und unbeschränkt."

Maria hatte in dem Kampfe zwischen König und Adel den Sieg erfochten, sie war es auch, welche jetzt herrschte. Zustände, wie jene ihres Reiches, lassen sich jedoch nicht in einem Tage, nicht auf dem Papiere reformieren. Maria hatte das Übel an der Wurzel erfaßt, als sie in dem Entwurfe des Landtags jenen Artikel strich, der die finanzielle Macht des Königs noch mehr einschränken sollte. Den Untergang des ungarischen Reiches führte dessen finanzielle Zerrüttung herbei. Die Bewilligung von Steuern hing vom Landtage ab, aber diese war leichter zu erhalten, als die bewilligte Steuer einzutreiben. Während die Nachrichten von der Grenze immer beunruhigender wurden, mußte König Ludwig den Besatzungen der Grenzfestungen gegen die Türken den Sold schuldig bleiben. Wie sollte er dieselben verstärken? Die Befehlshaber verlangten Mannschaft, Geschütz, Lebensmittel und der König konnte nicht einmal deren Boten bezahlen. In Ofen waren ein paar alte Geschütze, aber der König war nicht imstande, ein Schiff zu mieten, das sie nach Peterwardein gebracht hätte. „Die Lage des Königs und des Reiches erregte das Mitleid des päpstlichen Gesandten. Er zahlte die Boten des Königs, übergab ihm im Namen des hl. Vaters eine bedeutende Summe und versprach weitere Hilfe, Geld und Soldaten."*)

In dieser Lage holte Sultan Soliman zum gewaltigen Streiche gegen die hl. Stefanskrone aus: der „Erbfeind der Christenheit" nahte mit einem Heere, an die 300 000 Mann stark, heran, 3000 Kamele schleppten Pulver und Blei, 300 Kanonen begleiteten das Heer.

König Ludwig II. schrieb einen Landtag aus; um den Seinen ein Beispiel zu geben, beschloß er, selbst ins Feld zu ziehen und auch Maria wollte den Hermelin mit dem Panzer vertauschen und mit ihm reiten, aber sein Befehl hielt sie in Ofen zurück. Alle streitbaren Männer wurden aufgeboten, das blutige Schwert zum Zeichen der Not durch das Land gezogen, doch es währte lange, bis ein Heer zusammenkam. Endlich waren 24 000 Mann und 80 Kanonen aufgebracht, über welche Paul Tomori, früher Kriegsmann, jetzt Erzbischof von Kalocza den Oberbefehl führte.

*) Sacher-Masoch l. c. p. 57.

Bei Mohacs warb das Lager geschlagen; der Siebenbürger
Wojwode, der 40 000 Mann gesammelt hatte, schrieb, man
solle die Schlacht verschieben, bis er zu des Königs Heer
stoßen könne. Aber der Kriegsrat Ludwigs entschied anders,
er drängte zum Schlagen und so erfolgte die verhängnisvolle
Schlacht von Mohacs am 29. August 1526, die Ludwig
Niederlage und Tod brachte!

Acht Stunden lang stand schon das ungarische Heer in
Schlachtordnung, als die ersten türkischen Haufen auf den
gegenüberliegenden Höhen sichtbar wurden. Da setzte man
dem König den Helm auf und Totenblässe überzog das jugendliche Antlitz. Das Heer aber griff sofort mutig an und
drängte die feindlichen Reihen zurück, sei es, daß diese ab-
sichtlich wichen, oder der Gewalt des Stoßes in der That nicht
widerstehen konnten. Schon sprengte Andreas Bathory zum
König und verkündete ihm den Sieg, schon rückte das zweite
Treffen jubelnd nach, nur noch wenige Schritte vorwärts
und das türkische Schwergeschütz war in den Händen der
Sieger, als dasselbe plötzlich losdonnerte und die Angreifenden
vernichtete. Nach anderthalb Schlachtstunden lagen über
23 000 von dem ungarischen Heere tot auf der Wahlstatt.
Der König floh Fünfkirchen zu. Eine halbe Meile von
Mohacs hinderte ein Sumpf die weitere Flucht. Ludwig
wähnte den Feind zu nahe hinter sich und sprengte hinein.
Glücklich an das jenseitige höhere Ufer gelangt, überschlug
sich das Pferd, stürzte rücklings und erdrückte seinen Reiter
in tiefem Schlamme.

Sechzehn Meilen davon bei Szegedin lagerte an demselben
Tage der Wojwode von Siebenbürgen Johann Zapolya mit
seinen 40 000 Mann. Ob er zum Schlachttage nicht habe
eintreffen können, nicht habe eintreffen — wollen? Gewiß
ist, daß er ruhig zusah, wie Soliman dann Ofen einnahm,
das Land verheerte, dessen Städte verbrannte und 200 000

Menschen in Gefangenschaft schleppte; gewiß, daß er bald darauf Solimans Hilfe erbettelte, um, sei es auch nur einen Teil des alten ungarischen Reiches an sich zu reißen, das durch die Schlacht von Mohács zu Grunde gegangen.

Von den ersten Flüchtlingen der Mohács'er Schlacht empfing Maria in der Burg zu Ofen die Kunde von dem tragischen Ende ihres königlichen Gemahls, „der Perle eines Gatten," wie sie ihn genannt, und von dem Ende des Reiches. Sie rang einige Augenblicke mit dem Tode; ein Herzleiden blieb ihr davon bis an ihr Lebensende. Jetzt floh sie, von der Mehrzahl der Bewohner Ofens begleitet, nach Preßburg; soviel man an Habe und Schätzen mitschaffen konnte, wurde auf der Donau hinweggeführt. Als die Königin-Witwe später die Nachricht von dem Abzuge Solimans erhalten, den eine Verschwörung in Konstantinopel und ein Aufstand seiner asiatischen Provinzen zur Rückkehr aus Ungarn gezwungen, sandte sie Czettricz den getreuen Stallmeister Ludwigs, welcher auch Zeuge von dessen Tode gewesen, nach Mohács, um die Leiche des ihr so grausam Entrissenen aufzusuchen.

Der treue Czettricz ritt mit einem Gefolge von 12 Reitern nach dem Schlachtfelde, das weithin mit gefallenen Menschen, Pferden, mit zerbrochenen Waffen und Rüstungen bedeckt war; mitten unter den Leichen, die niemand einer Hand voll Erde wert gehalten, fiel den Suchenden ein frischer Grabeshügel in die Augen. Mit ihren Nägeln gruben sie ihn auf, der rechte Fuß wurde sichtbar. Der eine der Reiter sprengte zum Donauarm und schöpfte Wasser in seinen Hut. Als sie den zu Tage geförderten Leichnam gewaschen, erkannte Czettricz an einem Mal seinen Herrn; er warf sich auf die Kniee, weinte und bedeckte die Leiche mit Küssen, an der keine Spur einer Wunde, ja auch keine Verwesung wahrnehmbar. In ein Leintuch gehüllt, in einem Sarge, der von Raab aus mitgenommen war, brachten sie Ludwig II. irdische Reste zur Bei=

setzung nach Stuhlweißenburg, in die alte Krönungsstadt. Den schlichten Grabhügel auf dem Mohacs'er Schlachtfelde hatten schlichte Bauern aufgeworfen, ein Denkmal der Treue und Liebe des ungarischen Volkes für seinen König.

Mit Ludwig II. war der Mannesstamm der Jagellonen in Ungarn ausgestorben, Maria war kinderlos geblieben.

Böhmen und Ungarn waren Wahlreiche, dennoch erhob Erzherzog Ferdinand Karl V. Bruder, sogleich, als Gatte der Anna Jagello und auf Familienverträge gestützt, seine Ansprüche auf beide Reiche. Letzteres, Ungarn, machte ihm der Wojwode von Siebenbürgen Johann Zapolya streitig. Während die Anhänger dieses sich auf dem Rákos versammelten und mit Zustimmung Solimans den Wojwoden zum Könige von Ungarn wählten, erschien Maria in tiefer Trauer, ihr bleiches Antlitz mit dem Witwenschleier verhüllt, auf dem Reichstage zu Preßburg und die hier versammelten Magnaten, durch den Anblick Marias begeistert, riefen deren Bruder, Ferdinand, den Gemahl der Anna von Ungarn zum Könige aus.

Die Bedeutung des Momentes ist welthistorisch. Seit demselben ist Ungarn mit Österreich verbunden!

Das hochtragische Ereignis von Mohacs, wie es in ganz Europa einen erschütternden Eindruck hervorgerufen, ward außerhalb Ungarns namentlich in Österreich und Deutschland mächtig empfunden und das deutsche Volks- lied*) besang dasselbe wiederholt in der ihm eigenen urwüchsigen, schlichten und zum Herzen greifenden Weise, am schönsten und rührendsten in dem Sange: Von der Königin von Ungarn, das da im Ton: Es wohnet Liebe bei Liebe gesungen ward**) und in die erschütternde Klage ausklingt:

---

*) Liliencron, l. c. p. 562—570.
**) Melodie Uhland Nr. 90.

O Du liebſter gemahel mein
ſol ich Dich nimmer ſehen
und ewig ohn Dich ſein?

— — — — — — —

Nun muß mich immer rewen
mein edler Herre frumb
daß er in ſolchen trewen
für ſein Volk kame umb
und mich verließ troſtlos ellend
Die weil ich leb auf erben,
Gott es zum Beſten ennd!

Von Luther, deſſen Lehre Maria jetzt in duldendem
Sinne gegenübergeſtanden, — ſah ſie doch ihrem Hof=
prediger Dr. Johann Henckel ruhig zu, als er ſich den
Grundſätzen des Proteſtantismus zuneigte*) und empfing ſie
im gleichen Geiſte das Gedicht: „Troſt in Verfolgung des
Glaubens"**) — von Luther erhielt die Königin-Witwe ein
längeres Troſtſchreiben zugeſandt als Zuſchrift zur Schrift:
„Vier troſtliche Pſalmen an die Königin in Hungarn durch
Martinus Luther.***)

Im Eingange dieſer „Zuſchrift" ſpielt Luther darauf an,
daß durch die Biſchöfe „welche in Hungarn mächtig und faſt
das meiſte drinnen haben ſollen" der Proteſtantismus in
Ungarn verfolgt werde. Nun aber, da die Türken im Lande
dieſen Jammer und dieſes Elend angerichtet und das edle
junge Blut König Ludewig niedergeſchlagen," nun würde es,
hätte man jene Verfolgung unterlaſſen, in aller Welt „des Ge=
ſchreies voll ſein, daß ſolcher Fall über Hungarland kommen
wäre der lutheriſchen halber, welch ein läſtern ſollt da worden

*) Erſch u. Gruber, Allg. Encyklopädie S. II. Bb. V. p. 315.
**) Joh. Bolte: Zeitſchrift f. deutſches Altertum 1891. (35)
S. 435 ff.
***) Dr. Martin Luthers Briefe, Sendſchreiben und Bedenken . . .
von de Wette. Berlin 1827. p. 132—34.

fein." „Wem fie nu wöllen die ſchuld geben, mögen fie zu=
ſehen, Gott hats, (als ich ſehe) vermehret, daß ſolchem Läſtern
keine Urſache entſtünde." Auf den eigentlichen Zweck ſeines
Schreibens nun näher eingehend, ruft Luther aus: „Wiewohl
es Euer Königlichen Majeſtät ein bitter ſchwerer Tod iſt und
billig ſein ſoll, ſo frühe eine Witwe und des lieben Gemahls
beraubt zu werden, ſo wird doch wiederum die Schrift ſonder=
lich die Pſalmen Euer Königlichen Majeſtät dagegen vil
guts Troſts geben und den ſüßen lieblichen Vater und Sohn
gar reichlich zeigen, darin das gewiſſe und ewige Leben verborgen
liegt." Und er ſchließt mit den Worten: „Es kann ja keinem
Menſchen ſolch großer Unfall widerfahren als Gott dem Vatter
ſelbs widerfahren iſt, daß man ſein liebſtes Kind für all
ſeine Wunder und Wohlthat zuletzt verſpeyt, verflucht und des
allerſchänblichſten Tods am Kreuz tödtet, wie wol ein jeglichen
ſein Unglück das größeſt beuchet und mehr zu Herzen gehet,
denn Chriſtus Kreuz, wenn er gleich zehn Kreuz hätte er=
litten. Das macht wir ſeynd nicht ſtark von Gedulb, als
Gott iſt; darumb thun uns geringer Kreuze mehr wehe, denn
Chriſtus Kreuz. Aber der Vatter der Barmherzigkeit und
Gott alles Troſtes, wollte Euer Königlichen Majeſtät tröſten
in ſeinem Sohne Jeſu Chriſto durch ſeinen heiligen Geiſt,
daß ſie dieſes Elendes bald vergeſſe oder doch männlichen
tragen könnte. Amen. Zu Wittenberg am erſten des Winter=
monds 1526. E. K. M. williger Diener Martinus Luther."

Erasmus von Rotterdam, deſſen Einfluß damals
dem Voltaires im 18. Jahrhunderte gleichſam, ſchrieb über
Aufforderung ihres Hofpredigers Henckel für die geiſtreichſte
Frau ſeiner Tage das Buch über „die chriſtliche Witwe"
(Vidua christiana)*), für ſie, die der lateiniſchen Sprache
gleich mächtig geweſen, als der deutſchen.

---

*) Opera omnia Lugduni Batavorum. gr. Fol. 1704. Tom. V.
p. 723—766.

Maria, welche sich durch die auf dem Reichstage zu Preßburg für sie kundgegebenen Sympathien gerührt fühlte, hatte sich, auf die Bitten der Magnaten, statt ihres nach Böhmen geeilten Bruders die Zügel der Regierung in Ungarn fort in Händen zu behalten, bewogen gefunden, dem zu will= fahren. Sie unternahm es von Geld und Truppen entblößt ein Reich zu verwalten, von dem der größte Teil erst wieder er= obert werden mußte, ein anderer den Erzherzog nicht aner= kennen wollte, vielmehr bewaffnet, um seinen Mitbewerber Johann Zapolya sich scharte. Diese Thätigkeit war eine aufreibende. Die Tage im Staatsrate oder Feldlager, die Nächte am Schreibtische zubringend, ward Maria vor An= strengung nicht minder als vor Schmerz um den verlorenen Gatten immer leidender; ihre Ärzte verlangten eine Luft= änderung und sie erklärte endlich ihrem Bruder, daß sie des Amtes müde sei.

Ferdinand, der sich nur ungern dazu bequemte, ihrem ausdrücklichem Verlangen um Enthebung nachzugeben, mußte endlich auf den Rat der Ärzte darein willigen, um jedoch gar bald wieder an sie heranzutreten, da die Ungarn, die 1528 dem Könige Ferdinand zur Krönung nach Stuhlweißen= burg gefolgt waren, ausdrücklich verlangten, wieder von Maria regiert zu werden.

Maria, die trotz aller Bitten und trotz des glänzenden Lobes, das man ihrer Herrscherweisheit spendete, unerschütter= lich dabei geblieben, nur die Vermittlerin zwischen ihrem Bruder und dem ungarischen Parlamente zu machen, repräsen= tierte fortan das Gewissen Ferdinands, sowie anderseits die Stimme des ungarischen Volkes. Niemals bemühte sich Maria, die Gefahren, welche Ferdinand umgaben, ihm kleiner erscheinen zu lassen. Der Sultan erschien in ihren Berichten noch eroberungslustiger, der Wojwode noch populärer, als sie es in der That waren. Sie sprach wie von etwas Un=

abwendbaren davon, daß der Halbmond auf den Mauern Wiens und die Krone des hl. Stephan auf dem Haupte Zapolyas prangen werde, wenn nicht Ferdinands Gegenmaß= regeln größere Dimensionen annehmen würden, als bisher.

Die Erstürmung Ofens durch Soliman, der den Woj= woden Zapolya auf den ungarischen Thron geführt und die wohl glücklich abgeschlagene Belagerung Wiens durch den Erbfeind mußten, wie Sacher mit Recht hervorhebt, dazu dienen, der damaligen Diplomatie vor der politischen Weisheit und Voraussicht Marias große Achtung einzuflößen. „Kann man darüber erstaunen — fragt ihr Biograph — daß König Ferdinand ebenso wie seine Anhänger in Ungarn neuerbings wünschten, die Königin jetzt die Staatsgeschäfte sowohl als den Kampf gegen Zapolya leiten zu sehen?"

Dies auszuführen erschien sie jedoch nicht vorherbe= stimmt.

Durch den am 1. Dezember 1530 eingetretenen Tod der Regentin der Niederlande Margaretha von Österreich er= öffnete sich dem staatsmännischen Geiste der Maria von Ungarn ein neues Feld reicher Thätigkeit, deren vollste Erfüllung ihr hochragend bleibend Denkmal in der Geschichte ihres Hauses wie in der Weltgeschichte nur noch um vieles erhöht hat.

Wenige Wochen nach dem Tode ihres Bruders Karl V., dem ihre langjährige weise Regierung in den Niederlanden diese herrlichen Länder erhalten hatte, schloß Maria von Ungarn selbst ihre Augen für immer. Am 21. September 1558 war Karl V. in seiner stillen Zurückgezogenheit zu St. Juste von hinnen geschieden und am 17. Oktober desselben Jahres atmete zu Cigales Maria, nachdem seit dem Tode ihrer innigst geliebten Schwester Eleonore ihr Herzleiden sich wesent= lich verschlimmert hatte, ihre große Seele aus.

In ihrem letzten Willen gedachte sie noch so lieb und so schön ihres unvergeßlichen königlichen Gemahls. „Ich habe

— lauten die betreffenden Zeilen im Testamente — seit dem Tode des Königs, meines Gemahls, ein golbenes Herz getragen, welches er ebenfalls bis an sein Ende getragen hat. Ich be= fehle, daß dieses Herz mit dem Kettchen, an dem es hängt, eingeschmolzen und an die Armen verteilt wird. Es hat zweien Menschen bis an das Ende Gesellschaft geleistet, welche im Leben so lange in Liebe und Zuneigung niemals getrennt waren, deshalb soll es ebenso vergehen und seine Gestalt ver= änbern, wie die Leiber der Liebenden."

Über ihren ausgesprochenen Wunsch, gleich nach dem Tode neben ihrer Schwester Eleonore beigesetzt, ruht sie seit 1574 mit ihr und Karl V. und andern Gliebern ihres Hauses ver= eint im Escurial!

# Königin Anna.

Die Teilnehmer an den prunkvollen Festen des „Wiener Kongresses" von 1515 erinnerten sich dann, da die Gemahlin König Ferdinand I. in die „Alba regalis" kam, um hier an der Seite ihres Gemahls und zugleich mit ihm die Krone des hl. Stephan zu empfangen an die reizende 13jährige Braut, die Tochter des Königs Wladislaw. Hatte sie schon als wunderbar schönes Kind den Augenzeugen jener berauschenden Festlichkeiten den Kaplan Bartholin zu jener angeführten Dithyrambe begeistert, so stand sie jetzt als 25jährige junge Frau in dem Glanze vollentfalteter Schönheit bezaubernd da vor den Augen der von nah und fern herbeigeströmten Menge, die ihren prunkvollen Einzug in die altehrwürdige Krönungsstadt Stuhlweißenburg am letzten Oktober des Jahres 1527 staunend umstand.

An 3000 Reiter zählte man bei dem Eintritte der Majestäten, in welcher imposanten Schar selbstredend die Kostbarkeit in den Gewandungen der ungarischen Herren und ihrer Begleitung alles andere weit übertraf; neben den Ungarn waren es Markgraf Georg von Brandenburg, Feldmarschall Malzan Herr Georg von Auersperg der „goldene Ritter" mit einer größeren Anzahl Vornehmer aus dem benachbarten Innerösterreich, der Herr von Liechtenstein der Anführer des österreichischen Militärs, die Herrn Nikolaus von Salm der

5*

ältere und der jüngere, lauter Heldengestalten aus den Türken-
und Venetianerkriegen, die das meiste Aufsehen bei dem ritterlichen Volke der Ungarn erregten.

König Ferdinand selbst erschien zu Pferd in goldenem
Gewande unter einem goldig glänzenden Himmel, den
ungarische Priester trugen, zu seiner Rechten sah man seine
teure Schwester die Königin-Witwe Maria, zur Linken seine
erlauchte Gemahlin Königin Anna in voller Schöne, Pracht
und Herrlichkeit.*)

Nachdem am 3. November die Krönung König Ferdinands
in der Basilika der hl. Mutter Gottes nach dem herkömmlichen
Gebrauche vollzogen worden, fand tags darauf (4. November)
die Krönung der Königin Anna statt, wobei die Zere-
monien jedoch nicht so lange währten als die am Vortage.
Nach Beendigung der Krönungsfeierlichkeit ward Tafel gehalten und als diese aufgehoben worden und „die Tische zur
Seite gerückt waren," begann der Tanz. Während desselben
erschienen mit einem Male zwölf wohlgerüstete deutsche Ritter
aus dem königlichen Gefolge, die mit eingelegten Spießen und
dann mit gezückten Schwertern auf einander losgingen, zum
Schlusse kämpften sechs gegen sechs noch schärfer; als auch
dies Schauspiel beendet war, wurde der Hofball fortgesetzt.**)

Folgenden Tages ward nächst der Stadt ein großes
Pferderennen abgehalten, das mit anzusehen sich die
Majestäten und ihre Begleitung zu dem Hippodrom hinaus-
begaben, gefolgt von einer zahllosen Menge neugierigen Volkes;
„die Palme des Sieges errang das Pferd der Königin-
Witwe Maria."***) Dieser und die nächsten Tage bis zur

---

*) Velius de bello Pannonico ed. Koller. Wien 1762 p. 182 ff.,
nach dem 1527 zu Antwerpen gedruckten Originalberichte.
**) Belius l. c. p. 138.
***) Belius l. c. p. 39.

Abreise Ferdinands und der Königinnen waren außerdem mit Staatsgeschäften, Ernennung der Würdenträger, Eidesleistung u. s. w. ausgefüllt, sowie auch am Grabe des Königs Lud= wig II. im Beisein der Fürstlichkeiten eine Trauerfeier celebriert wurde, unter solcher Veranstaltung und so kostbar, wie sie seit Menschengedenken nicht stattgehabt, umgaben doch den prächtig geschmückten Katafalk allein an 600 brennende Wachslichter.*) Als alles vorüber war, begaben sich die Majestäten auf den Heimweg, zunächst nach dem von Mathias Corvinus mit großem Aufwande erbauten festen mit doppelten, je mit kaltem und Thermalwasser gefüllten, Graben versehenen im Innern prachtvoll ausgestattetem Schlosse Tata**) (Dotis) von wo sich dann die Königin Maria nach Ovar (Ungarisch Altenburg)***), König Ferdinand und Königin Anna aber nach Gran zurück wandten, da in Ofen, wohin sie sich begeben wollten, eine pestartige Krankheit wütete, der schon eine größere Anzahl Soldaten der Besatzungsmannschaft zum Opfer gefallen waren.

Die Truppen, die bei den Krönungsfeierlichkeiten zur Aufwartung kommandiert gewesen, wurden nun nach dem Orte Groß=Marosch†) in' die Winterquartiere gelegt, ange= sichts des herrlichen Schlosses Vissegrad, wo einst die ungarischen Könige so lange Hof gehalten, wo große Turniere gefeiert worden, die Sänger bei fröhlichem Mahle Lust und Freude gebracht, wo mit einem Worte ritterliche Übungen gleich der Kunst hoch im Wert und Ansehen gestanden, das aber schon zwei Jahre nach der Krönung Ferdinands und Annas in die Hände des „Erbfeindes der Christenheit" gefallen, aus denen es erst 155 Jahre später befreit werden konnte!

---

*) Bellius l. c. p. 41.
**) In Niederungarn, Komorner Komitat.
***) In Niederungarn, Wieselburger Komitat.
†) An der Donau in der Nähe von Gran.

Königin Anna — die ihrem sie innigstliebenden Ge=
mahle in 26jähriger Ehe 15 Kinder, darunter vier Prinzen
geschenkt, von denen der eine, Johann Sigismund, der
**erste Sohn eines in Ungarn gekrönten Habsburgers auf ungarischem
Boden das Licht der Welt erblickt, 1538, 10. April, 4 Uhr
morgens**[*]) — Königin Anna starb bei der Geburt der
letzten Prinzessin, Johanna, am 24. Jänner 1547 und es
fand die Tochter des Königs Wladislaw von Ungarn und
Böhmen ihre letzte Ruhestätte im altehrwürdigen St. Veits=
dome zu Prag, wo dann auch ihr Gemahl Kaiser Ferdinand I.
(† 1564) zur ewigen Ruhe gebettet worden.

Ferdinand I., der um seine Gemahlin durch 17 Jahre
auf das Tiefste getrauert und alle Anträge wieder zu freien
zurückgewiesen, war inzwischen oftmals zu ihrer Gruft ge=
pilgert und hatte dabei unter Thränen wieder und wieder
es ausgesprochen: „Da liegt nächst Gott, mein größter und
liebster Schatz!"

Anna, die sich in ihrem Leben und Wandel durch ein
gottergebenes Wesen ausgezeichnet, hinterließ auch eine fromme
Schrift unter dem Titel: Clypeus pietatis (das Schild der
Frömmigkeit).

---

[*]) Schönleben, Dissertatio polemica . . . p. 243.

# Kaiserin=Königin Maria
## und
# Erzherzogin Marie Christine,
### Fürstin von Siebenbürgen.

Ferdinand I. und Annas erstgeborenem Sohne Maxi=
milian (Kaiser Maximilian II.) ward am 13. September 1548
zu Valladolid seine Cousine Maria, die Tochter Karls V.
und der Isabella von Portugal angetraut, die dann 1563
am 20. August zu Preßburg zur Königin von Ungarn ge=
krönt wurde.

Kaiserin=Königin Maria war eine durch außerordent=
lichen Wohlthätigkeitssinn ausgezeichnete Fürstin; „ihre milb=
reiche Hand und Freigiebigkeit haben — sagt ein Schrift=
steller des Hauses Habsburg*) — empfunden nicht allein die
gemeinen Bettler, sondern auch die Hausarmen, die Spitäler,
Lazarethe, Siechenhäuser, die armen Schüler, und Ordens=
leute von nah und fern."

Sie war es, welche am Allerhöchsten Hofe die „Fuß=
waschung" eingeführt; „sie hat sich jährlich in der Charwoche
zu den Füßen der armen Bettler geworfen, dieselben mit
niedergebogenem Knie gewaschen, getrocknet und geküsset, darauf
auch ihnen eine stattliche Mahlzeit gehalten, selbst Wasser zum
Handwaschen ausgegossen, selbst zu Tische gedient, selbst die
Speisen vorgesetzt und vorgelegt, selbst eingeschenkt und die=
selbe Demut bezeugt, wie einst die hl. Kaiserin Helene."

---

*) Gans, Das österreichische Frauenzimmer p. 143.

Kaiſerin-Königin Maria, eine Feindin aller Laſter, haßte
beſonders die üble Nachrede und das Spielen; „für die
Murmler und Nachreder hatte ſie keinen gnädigen Blick,
Spieler hat ſie wiſſentlich keinen an ihrem Hofe gelitten."
Die ſpaniſche Hofetiquette, infolge deren jedermann vor
dem Herrſcher nur knieend ſeine Rede vorbringen durfte, hob
die bemütige Fürſtin der Prieſterſchaft gegenüber auf, ſie erhob ſich jederzeit, ſobald ein Prieſter vor ihr erſchien, von
ihrem Sitze und gab dem vor ihr Stehenden ſtehend Audienz.
„Man findet" — ſagt P. Joannes Gans im Gegenſtücke dazu
— „manchen Krautedelmann und ſchlechten Wieſenwäſſerer
oder neugebackenen Herrn, der iſt ſo ſtolz und hochtragend,
daß kein Menſch mit ihm aufkommen kann und muß jedermann neben ihm verachtet ſein." *)

Auch ſpendete Kaiſerin-Königin Maria an arme Kirchen
und Gotteshäuſer auf weit und breit Altartücher, Kelche,
Meßgewänder, reiche Prieſterornate und was ſonſt den Gottes-
dienſt zieret."

Im hohen Alter von 75 Jahren beſchloß dieſe Kaiſerin-
Königin ihr an Tugenden reiches, ſo vielfach ſegenſpenden-
des Leben zu Vallijolet in Spanien am 26. Februar des
Jahres 1602.**)

\*          \*          \*

In dem freundlichen Graz, der Hauptſtadt der „grünen
Steiermark", hatte nach Kaiſer Ferdinand I. Tode (1564) ſein
Sohn, Erzherzog Karl, der Erbauer der in ſpäteren Kämpfen
mit den Türken vielbewährten Grenzfeſte Carlſtadt (in Kroatien)
die Regentſchaft über die Ländergruppe Inneröſterreich —
Steiermark, Kärnten, Krain und Görz — angetreten und

---

*) l. c. p. 146.
**) Schönleben l. c. p. 231.

hier eine glänzende Hofhaltung eingerichtet, in welcher des Erzherzogs Gemahlin, die geistvolle energische Maria von Bayern, das „Vorbild einer christlichen Fürstin" nicht allein den Mittelpunkt ihres häuslichen Kreises, sondern auch des socialen Lebens der Hauptstadt selbst bildete und wo Kunst und Wissenschaft eine ganz besondere Heimstätte fanden.

Mit zahlreicher Nachkommenschaft gesegnet — unter 15 Kindern 9 Prinzessinnen — sah Erzherzog Karl in seinem Hause ein gleich reges, wie intimes Familienleben sich entwickeln und die zeitgenössischen Berichte vom Grazer Hofe, sowie die zahlreich erhaltenen interessanten Briefe Marias gewähren einen erfreulichen Einblick in das patriarchalische Wesen, das am Hofe Karls und Mariens in der altehrwürdigen Grazer Burg geherrscht, wo uns noch heute gar manche baulichen Reste in die Tage zurückversetzen, wo hier an dieser Stätte jener gemütvoll anheimelnde Verkehr geherrscht, der uns aus jeder Zeile des erwähnten Briefwechsels entgegengrüßt.

Die sorgfältigste Erziehung in Sprachen und anderen Wissenschaften, in Musik und kunstreichen weiblichen Arbeiten ward den erlauchten Töchtern der erzherzoglichen Regenten= familie zu teil und außerdem ward ihnen alle Lust am Schönen und Heiteren im Rahmen echt christlicher Anschauung gegönnt, wir lesen von Tanz und Spiel, von Theaterauf= führungen der „engeländischen Comödianten" und der Jesuiten= schüler des Grazer Kollegiums, denen die jungen Prinzessinnen nach Neigung und Wahl beigewohnt, von glänzenden Familien= festen der Hofwürdenträger und Hofbediensteten, die das dank= bare Elternpaar ihren Getreuen zu bereiten pflegte, und an denen auch die Erzherzoginnen teil zu nehmen die Erlaubnis erhielten, von Schlittenfahrten und Jagden, auf denen sie Vater und Mutter begleiten durften.

Aus solchem Familienkreise heraus, der nach Birkens Be= tonung vollends von deutschem Geiste beseelt gewesen, hatte

sich der Fürst Sigismund von Siebenbürgen, nachdem
er die politische Trennung vom Türken vollzogen und ein
Bündnis mit dem Habsburger Kaiser Rudolf II. abgeschlossen,
die zweitgeborene Prinzessin, die 21 jährige Erzherzogin Marie
Christine (geb. 1574), als Braut erkoren; die erstgeborene
Tochter Karls und Marias, Erzherzogin Anna, hatte nicht
lange vorher König Sigismund von Polen zur Gemahlin
genommen.

Daß die Vermählung mit einer Erzherzogin aus Graz
eine der Forderungen war, die Sigismund von Siebenbürgen
an den Kaiser vor Abschluß des, namentlich durch des Generals
von Teuffenbach eifriges Zuthun herbeigeführten, Bündnisses
gestellt hatte, erhellt aus der Thatsache, daß der Siebenbürger
schon früher die Mutter der jungen Erzherzogin, die Regentin
Maria um die Bildnisse zweier ihrer Töchter ersucht hatte,
damit er aus ihnen eine Wahl treffen könne. Maria ließ
ihm damals erwidern: „Ohne des Kaisers Vorwissen könne
sie ihm nichts versprechen." Indes war sein Vorhaben kein
Geheimnis mehr, denn bald nachher fragte die Königin Anna
von Polen ihre Mutter, „was denn an dem Gerüchte betreffs
der Bestimmung ihrer Schwester wahres sei?" Maria konnte
der Erstgeborenen nichts anderes mitteilen, als was auch ihr
durch das Gerede zugekommen war. Anna äußerte darauf
Bedenken gegen diese Verbindung, die sie in mehr als einem
Briefe wiederholte zur Zeit, als die Angelegenheit dem Abschlusse entgegenreifte, nicht ohne Bedauern, daß man soweit
vorgegangen sei, um nicht mehr zurücktreten zu können. Selbst
ihr Rat, mit der Vermählung wenigstens noch eine Zeit zu
warten, war nicht mehr zu befolgen. Faßt man die bald nachher
eingetretenen Verhältnisse ins Auge und hält sie diesen War-
nungen entgegen, so muß man gestehen, die ruhig denkende
Anna hatte ebenso richtig geschaut als klug gerathen.*)

*) Hurter, Geschichte Kaiser Ferdinand II. und seiner Eltern. III. p. 322.

Die Erzherzogin-Mutter hatte aber eben erst die positive Nachricht davon, daß eine ihrer Töchter dem Fürsten von Siebenbürgen bestimmt sei, erhalten, nachdem die betreffende Übereinkunft bereits fait accompli gewesen. Große Freude über diese Bestimmung der Tochter zeigte sie nicht, vielmehr empfand sie es schwer „ein liebes und gehorsames Kind" in „das Gewirre eines fernen Landes hineinzusenden", den Fürsten hielt sie für „zweideutig" und sie meinte, man hätte sich vorläufig darauf beschränken sollen; ihre Tochter ihm — zuzusagen! Ebensowenig war es ihr angenehm, daß die gesammte siebenbürgische Gesandtschaft, wie sie an den Kaiser abgegangen war, nach Graz kommen sollte; sie schreibt wörtlich an einen ihrer Getreuen: „daß sie alle miteinander herkommen, sich (sehe) ich nit fast (sehr) gern, wird viel aufgen (viel Kosten verursachen) und kundts (könnte es) der fürnembest (vornehmste) gar wohl allein verrichten.*) Entschieden sprach sich aber Maria dagegen aus, daß der Fürst unter ihren Töchtern die Wahl haben sollte — „nem der gute Fürst — schließt sie — was man ihm gibt, ist eine wie die Andter (andere)."**)

Am 7. Februar 1595 erschien die Gesandtschaft unter Führung des Stephan Bocskay in Graz und am 5. März wurde nach- Abschluß des Heiratsvertrages in der Hofkirche zu St. Egyden die Trauung der Erzherzogin Marie Christine mit Bocskay als Vertreter Sigismunds durch den Bischof Martin Prenner von Seccau vollzogen. Darauf präsentierte Bocskay im Namen seines Herrn der Braut ein stattliches Halsband und drei Abgeordnete des Landes verehrten ihrer Fürstin je eine silberne und vergoldete Schüssel mit Kleinodien und „langem Erzgold samt den Stufen, wie es in Siebenbürgen wächst."***)

*) Hurter l. c. p. 564.  **) Ebenda.
***) Gans l. c. p. 399.

Die Erzherzogin-Mutter wollte unter dem Vorgeben, die gehörige Ausstattung könne bis zur gewünschten Frist der Hochzeitsfeier (Pfingsten) nicht fertig gebracht werden, die Angelegenheit noch weiter hinausschieben, doch des Gesandten Versicherung, der verlangte Aufschub werde seinem Fürsten eine unwillkommene Zeitung sein, stand die einbringliche Einladung, die Erzherzogin-Mutter möge ihre Tochter begleiten, als beruhigende Vorbedeutung zur Seite.

Maria zeigte sich dazu willfährig, sofern der Kaiser es zugeben und für sichere Begleitung und Rückkehr sorgen werde. Als alles zur Abreise vorbereitet war, erkrankte Erzherzogin Marie Christine am Fieber, bis endlich am 15. Juni die Fahrt mit der zwar noch nicht ganz Genesenen von Graz aus angetreten werden konnte; unter den Begleitenden befanden sich auch die Bischöfe von Lavant und Triest. Nur langsam ging die Reise von statten; in Preßburg hatte sich bei der Erzherzogin-Braut neuerlich Fieber eingestellt und am 12. Juli hielt man erst in Kaschau, von wo die Erzherzogin-Mutter nach Hause berichten konnte: das Fieber weiche allmählich von der Tochter, sie hoffe deren baldige Herstellung, und in einem anderen Briefe von dieser Reise durch Ungarn hebt Maria es mit Befriedigung hervor, daß sie jedermann hier „gar schön und lieb halte".

Erzherzog Maximilian — Marie Christinens Bruder, der Vater Erzherzog Karl war 1590 bereits mit Tod abgegangen — hatte die Erzherzoginnen bis Kaschau begleitet, hier harrte ihrer Emerich Bogathi, Sigismunds Abgeordneter. Der Fürst selbst, von einem Italiener begleitet, reiste seiner Braut bis Szátmar entgegen und kehrte, als er sie dort gesehen, nach Weißenburg zurück.

Zu Klausenburg wurde sie mit einem Pompe empfangen, durch welchen sie sich als künftige Landesfürstin hochgeehrt finden mochte.

Am 1. August näherten sich die Erzherzoginnen Weißen=
burg, der Hauptstadt des Fürstentums; Sigismund kam mit
einem Geleite von 2000 Personen zu Pferd den hohen Damen
auf eine halbe Stunde Weges entgegen. Die offizielle Be=
willkommnung geschah durch den siebenbürgischen Hofkanzler
Stephan Josika, der gelehrte Bischof von Lavant, Georg
Stobäus von Palmburg, erwiderte dessen Anrede. Die Ge=
wohnheit jener Tage, daß Bräute auf Staatswagen von acht
Schimmeln gezogen, in ihre künftigen Hoflager eingeführt
wurden, wurde auch hier beobachtet, desgleichen, daß vor allem
die Kirche begrüßt wurde, wo denn auch der Nuntius des
hl. Vaters den Segen spendete.

Um der Erzherzogin=Braut Erholung von der Krankheit
und von der Reise zu gönnen, fand die Vermählung mit
dem Fürsten erst am 6. August statt. Bei dem feierlichen
Akte wechselte der Nuntius die Ringe und vollzog unter
Kanonendonner und Trompetengeschmetter die Trauung. Dann
folgte das Festmahl und der Tanz, wozu viele ungarische
und siebenbürgische Magnaten geladen waren. Tags darauf
wurden die Hochzeitsgeschenke überreicht, von dem Fürsten alle
Gerätschaften, die zu einer vollkommen eingerichteten Silber=
kammer gehörten, in des Kaisers Namen ein Geschmeide aus
Edelsteinen bei 40000 fl. im Wert, anderes von den Erz=
herzogen, viel Kostbares von den Großen, den Städten und
Märkten, allein an silbernen Bechern wurden 109 Stück aller
Größen gezählt. Am 17. August reiste die Erzherzogin Mutter
nach Hause zurück; Fürst Sigismund gab ihr das Geleite bis
Enyed, der Neuvermählten gestattete er, die Mutter bis nach
Tasnab, an die Landesgrenze, zu begleiten.

Alsbald nach der Abreise der Erzherzogin=Mutter trat
jedoch die Abneigung des Fürsten gegen seine Gemahlin deut=
lich hervor, eine Abneigung, die Sigismund bei der ersten
Begegnung mit Marie Christine gefaßt und die so groß ge=

wesen, daß — wie Hurter nachgewiesen — die niemals voll=
zogene Ehe nach vier Jahren dann als triftiger Scheidungs=
grund angeführt werden konnte. Die Zeitgenossen führen an,
wie heiß der Fürst zuvor die Erzherzogin begehrt, so eiseskalt
sei er, sobald er sie gesehen, zurückgefahren und da sie bei
Marie Christinens leiblicher und geistiger Anmut in ihr selbst
den Grund nicht zu finden vermochten, schrieb man die uner=
klärliche Veränderung dem Zaubertranke einer Katharina
Majlath zu, die ohnedies in dem Rufe der Giftmischerei ge=
standen.

Wohl mag auch der Wankelmut im Wesen Sigismunds
ein Hauptfaktor in seiner veränderten Stellung zu Marie
Christine gewesen sein, der ihn ja auch bekanntlich dazu trieb,
sein Land wiederholt an den Kaiser abzutreten und sich immer
wieder zum Fürsten desselben ausrufen zu lassen.

So zog er denn auch vier Jahre hindurch die unglück=
liche Gattin mit heuchlerischen Versöhnungsscenen hin, um sie
dann wieder das Notwendigste entbehren zu lassen, ja nicht
einmal das gehörige Essen ward ihr zu teil, wie ihre Schwester
Anna der Mutter zu berichten in die Lage kam. Während
Sigismund in Briefen an die Erzherzogin=Mutter sich deren
gehorsamsten Sohn nannte und seinem Schwager Fer=
dinand (Kaiser Ferdinand II.) versicherte, er werde „die ge=
liebteste Gemahlin" stets fürstlich und ehrenvoll behandeln,
ihr gewiß zu keiner Klage Veranlassung geben, waren gleich=
zeitig weder Schönheit noch Anmut, weder Geistes= noch
Herzensvorzüge Marie Christinens imstande, ihn an sie zu
fesseln.

Endlich sollte der heiße Wunsch der Erzherzogin, ein
Land verlassen zu können, in welchem sie vier Jahre ihrer
Jugend in Trübsal zugebracht, in Erfüllung gehen. Am
8. April 1599 überließ sie — nachdem Sigismund dem erz=
herzoglichen Hofe in Graz die Anzeige gemacht: er und seine

Gemahlin wären einverstanden, die Lösung des ehelichen
Bandes zu verlangen; „nur damit sie mit Liebe davon
komme", wie Marie Christine dem Kaiser schrieb, überließ
sie die Nutzung all ihrer Güter, worauf Heiratsgut und
Morgengabe und all ihr Eigentum verschrieben war, dem
Kardinal Andreas aus Polen, Sigismunds Vetter, dem der
Fürst auf dem Landtage zu Medgyes (20. März) das Fürstentum
abgetreten, gegen die jährliche Summe von 15 000 ungarischen
Thalern, indes sie bisher 24 000 daraus gezogen hatte.

Einigen Trost konnte ihr jedenfalls die allgemeine Trauer
bei ihrem Scheiden aus Siebenbürgen gewähren, wo sie durch
ihr liebenswürdiges Wesen sich zahlreiche Freunde erworben,
so um nur ein Beispiel zu nennen, im Hause des „greisen
Kriegers" Huet, des treuen Anhängers des Kaisers, dem sie
beim Tode des Sohnes so herrliche Worte zugesprochen: „noch
schwereres müsse man erdulden, weil es menschlich sei und
vom Schicksal der Menschen durchaus nicht zu trennen."*)
Ihre Abreise aus dem Lande erfolgte anfangs Mai 1599;
der Kardinal versah sie noch mit einem Reisewagen und gab
ihr bis Tövis das Geleite, eine erlesene Schaar Adeliger
folgte ihr nach Tusnab an der Grenze und der hochange=
sehene Balthasar Bornemisza brachte sie nach Száthmar.

Ihr Aufenthalt in Siebenbürgen war eine unablässige
Aufforderung gewesen, ihr ihren Wahlspruch: „Wie Gott
will" zur Leuchte des Lebens zu machen.

Nachdem Papst Clemens noch im Jahre 1599 die Schei=
dung der Ehe ausgesprochen und von seiten des Grazer Hofes
ferner in betreff Marie Christinens, die jetzt wieder bei ihrer
Mutter lebte, alle weiteren Heiratspläne zurückgewiesen worden
mit dem Bedeuten, daß sie ihre Gedanken auf anderes gerichtet
habe, trat sie zugleich mit ihrer Schwester Eleonore in das

---

*) G. D. Teutsch, Gesch. der Siebenbürger Sachsen. II. p. 97 ff.

königliche Stift zu Hall in Tirol unter der Stiftsoberin
Katharina aus dem alttirolischen Geschlechte derer von Brandis
am 4. Oktober 1607, wo sie fortan, nur dem Wohlthun für
die Armen und der Erziehung von Waisenmädchen und Waisen=
knaben segensreich sich widmend,*) ihr vielgeprüftes Leben im
Alter von 48 Jahren am 6. April 1621 in vollster christ=
licher Ergebung beschloß.

*) Gans l. c. p. 413.

# Kaiserin-Königin Anna.

Mit einer stattlichen ungarischen Begleitung zog am 1. Dezember des Jahres 1611 König Mathias von Ungarn und Böhmen seiner Braut, der Erzherzogin Anna, Tochter Ferdinands von Tirol und der Leonore von Mantua von Wien aus zum kaiserl. Lustschlosse Ebersdorf*) entgegen, um dieselbe in feierlichem Pompe in die Burg seiner Väter zu geleiten, wo dann am 4. Dezember in der Augustiner Hofkirche die Trauung in solenner Weise vollzogen, „das Beilager, unter= schiedliche Tänze und Freudenspiele gehalten worden."

Nachdem Mathias und seine Gemahlin Anna im Juni 1612 zu Frankfurt die Kaiserkrone empfangen, weilten sie bis zum Ausgang desselben Jahres in Prag, wo die Kaiserin für die Armen eine eigene Küche — die erste Volksküche in Österreich — und eine Apotheke einrichten ließ und eine be= stimmte Summe aus ihrem Jahreseinkommen zu wohlthätigen Zwecken widmete.

Sodann folgte ein kurzer Aufenthalt, von ein paar Wochen, in Wien und gegen den Frühling des Jahres 1613 führte Mathias seine kaiserliche Gemahlin nach Ungarn, wo sie zu Preßburg am 23. März zu einer Königin von Ungarn gekrönt wurde.

---

*) Ostwärts von Wien, hinter Simmering und dem sog. Neuge= bäude an der Donau gelegen.

Den Hergang bei dieser Krönung finden wir in einer Relation aus derselben Zeit also geschildert:

In der St. Martinskirche, wo die Krönung stattgefunden hatte, war für das zuschauende Frauenzimmer ein Gerüst (Tribüne) aufgeschlagen worden und am Tage der Feierlichkeit hielten schon um 6 Uhr morgens die Bürger in voller Wehr unter ihren Fahnen vom Schloß bis zur Kirche auf beiden Seiten die Wache, zwei „deutsche Fähnlein" (Soldaten) waren das eine auf dem Schloßberg, das andere bei der Kirche, aufgestellt. Es war überall ein so „überaus überhäuftes Gedränge des Volkes", daß, hätten nicht die dazu verordneten Herren Obersten „also gute Aufsicht gehalten", „sich gar leichtlich ein seltsames Spiel (außergewöhnliches Unglück) erzeigt hätte."

Um 8 Uhr erschienen unter Vorritt einer großen Anzahl Volkes (Banderien) von Geistlichen und Bischöfen fünf Herolde, darauf der kaiserl. Hofmarschall mit dem entblößten Schwerte nach ihm der Herzog von Braunschweig und dann des Kaisers Majestät „auf einem fahlen Roß" (einem Falben) das Gewand mit purer Goldstickerei auf schwarzem Sammet und mit Perlen und Edelsteinen verziert, auf dem Hute „einen Reiher Busch auftragend," und begab sich der Zug zur Kirche. Bald nachher erschien die Kaiserin in dem mit Gold, Perlen und Edelsteinen gezierten Prachtwagen, der ihr „Brautwagen" gewesen, an ihrer Seite die Obersthofmeisterin.

Die Majestäten hielten an der Kirchenstiege fast durch eine Viertelstunde bis „alles Frauenzimmer" — die adeligen Damen — in die Kirche vorangegangen, worauf Kaiser und Kaiserin folgten, die sich „in ein Gewölbe begaben, worin Ihre Majestät der Kaiser einen Rock von gülbenem Zeug mit Perlen und Edelsteinen angethan und Kaiser Rudolfs Krone so auf 800 000 Gulden geschätzt worden, aufgesetzet."

Sodann verfügte sich der Kaiser in die Kirche und „inter-

cebirte" hier, dem alten Gebrauche folgend dafür, daß seine
Gemahlin zur Königin von Ungarn gekrönt werden solle;
inzwischen schritt die Kaiserin zu ihrem Platze „unter einem
aufgerichteten Himmel". Nach der Intercession des Kaisers
geleiteten zwei Bischöfe die Kaiserin, die „mit einem blumten
Goldstück" (mit einem Gewande aus geblumten, goldgestickten
Seidenstoffe) bekleidet war, zum Hochaltar, wo ihr der Kardinal
Forgacs von Gran „etliche Sachen" (die Gebete) vorgelesen.
Nach der Salbung wurde der knieenden Kaiserin „die rechte
ungarische Krone" auf die Achsel gesetzt, aber bald „mit wenig
gesprochenen Worten" von zwei Herren (den Kronhütern)
wieder weggenommen und auf den Altar gestellt. Nun nahm
die Kaiserin-Königin das hl. Abendmahl, worauf sie beim
Hochaltar aus den Händen des Kardinals Forgacs, die diesem
durch den Palatin eingehändigte Hauskrone auf das Haupt
gesetzt erhielt, auch reichte ihr der Kardinal Scepter und
Reichsapfel in ihre Rechte und Linke. Während dies geschah
begann man im Schloß und in der Stadt zu läuten, die
Stücke zu lösen und die Gewehrsalven durch die Bürger und
Musketiere abzugeben.

Unter Voranschreiten des Kaisers und Königs schritt die
Kaiserin-Königin dem Ausgange der Kirche zu; der Kaiser
und König bestieg wieder sein Roß, die Kaiserin-Königin ihren
Staatswagen, und der Zug kehrte zum Schloß zurück, voran
alle Angehörigen des Hofes „Deutsche und Ungarn, alles zu
Pferde", hinter den Majestäten „alles Frauenzimmer in
großer Anzahl und Gedränge".

Vor Beginn der Hoftafel im Schlosse haben des Kaisers
„Teutsche und Hungarische Heerpaucker und Trompeter bey
einer halben Stunde sich hören lassen", „alsdann sind die
Trachten aufgetragen worden". „Neben der Kayserin-Königin
ist in einem güldnen Becken die alte Hungarische Krone,
Scepter und Apffel gelegen. Sie hat aber Ihre Krone unter=

deſſen auf dem Haupt getragen. Nachmals haben etliche
Hungarn anſtatt und von wegen des Königreiches Hungarn der
Kayſerin-Königin ein Präſent unter einem roten Taffet
offerirt."

Die „ungariſche Gvardi" (Wache) hinterm Schloß poſtiert
erhielt von ſeiten der Majeſtäten 70 Eimer Wein und Brot
„nach Notdurfft".*)

Als die Kaiſerin-Königin Anna wenige Jahre nach dieſer
feierlichen Krönung das Zeitliche zu Wien geſegnet, 1618,
14. Dezember, ward ihr Leichnam auf das Parabebett gelegt,
wo derſelbe, ſchwarz angethan, zur rechten Seite die Kaiſer-
krone, zur Linken aber die ungariſche und böhmiſche Krone
von Holz geformt und vergoldet drei Tage zur Beſichtigung
ausgeſtellt blieb, bis deren Beiſetzung in dem ſogen. Königs-
kloſter erfolgte. Hier blieben die irdiſchen Überreſte dieſer
trefflichen Fürſtin ſammt denen ihres ihr gar bald in dem
Tode gefolgten Gemahls — Mathias ſtarb 1619, 10. März
— bis zur Vollendung der von ihr geſtifteten Kaiſergruft**)
bei den P. P. Kapuzinern auf dem Neuen Markte, wohin
dann deren Übertragung erfolgte.

---

*) Birken, Der Durchl. Erzherzogen zu Öſterreich Leben, Regierung
und Großthaten. p. 601 ff.

**) Kerſchbaumer, Die Grabſtätten der Habsburger. 1878. p. 8.

# Kaiserin-Königin Eleonore.

Ein Jahr vor dem Antritte der römisch-deutschen
Kaiserwürde war Ferdinand II. 1618, 1. Juli, zu Preßburg
zum König von Ungarn gekrönt worden „in rothem un-
garischem Kleide" — wie die Chronik sagt*) —; auch
Ferdinands Bruder, der Hoch- und Teutschmeister und frühere
General in Ungarn, Erzherzog Maximilian, war dabei in
ungarischer Tracht erschienen und es waren dem Kaiser und
König bei diesem festlichen Anlasse von zehn Landherren
Fahnen vorgetragen worden, auf deren jeder der Name eines
Königreiches geschrieben stand, welche vor Zeiten zu diesem
Königreich Hungarn gehört hatten. Den Schluß der großen
Krönungsfestlichkeiten hatte diesmal die Auswerfung „schöner
Feuerwerke" gebildet, welche auch „unter und in dem Wasser
ihren Effekt gethan".

Noch großartiger gestaltete sich aber das Festgepränge
bei der Krönung der zweiten Gemahlin**) Ferdinands, der
Kaiserin Eleonore, des Herzogs Vincenz von Mantua fein-
gebildeten Tochter, welche am 26. Juli 1622 zu Odenburg
statthatte.

Ein zeitgenössischer österreichischer Kavalier Khevenhiller,
hat uns in seinen Annalen zur Geschichte Ferdinands die

---

*) Birken l. c. p. 716.
**) Ferdinands erste Gemahlin Maria Anna von Bayern war zwei
Jahre vor dessen ungarischer Königskrönung gestorben.

Vorgänge bei diesem feierlichen Akte in lebhafter Schilderung hinterlassen, welcher wir hier nur mit einigen sprachlichen Änderungen Raum geben wollen. Dieselbe lautet: Den 11. Juli (1622) ist die ungarische Krone von Preßburg nach Oedenburg und zwar mit geziemender Pracht und Begleitung von Ungarn und Deutschen aber bei großem Platzregen und Ungewitter her übertragen worden. Den 12. Juli hat man die Krone und Zugehör (Scepter und Reichsapfel) in verschlossener Truhe auf das Rathaus geführt, wo der Palatin nebst beiden kaiserl. geheimen Räten Graf Max von Trautmannsdorff und Gundacker von Liechtenstein samt anderen dazu verordneten ungarischen Würdenträgern die Truhe eröffnet und nachdem bei Besichtigung die Krone und die anderen dazu gehörigen Kleinodien unversehrt befunden worden, „hat man dieselbe zum Fenster heraus dem gemeinen Volke öffentlich fürgewiesen" und dann wieder verwahrt.

Den 26. Juli ist der Kaiserin Krönung erfolgt, die also abgelaufen. „Erstlich: als die Römisch-Kahserliche Majestät (der Kaiser) samt dero Gemahlin in die Franziskaner Kirche durch viele ansehnliche Botschafter Herrn und Frauenzimmer in herrlicher schöner Ordnung begleitet worden", hat unter Vortritt vieler hervorragender Herren der Hofmarschall dem Kaiser das Schwert vorgetragen; der Kaiser selbst war gefolgt, angethan mit dem kaiserlichen Ornat, die Kaiserkrone auf dem Haupte, Scepter und Reichsapfel in den Händen, „auf dem die kayserliche Gemahlin stracks (schnell) gefolgt", vor welcher allein der Palatin, der die ungarische Krone, der Eßterhazy, der den ungar. Scepter und der Sexi (Zichy) der den ungarischen Reichsapfel getragen, außerdem noch ein Bischof, welcher die Hauskrone der Kaiserin getragen vorangeschritten. Nach der Kaiserin kam ihr „Hoffrauenzimmer" (die Hofdamen), die alle in violetten Seidenkleidern mit

Ausnahme von zweien, die „in Goldstuck" (in goldgestickten
Gewändern), angethan erschienen; diesen Hofdamen folgten
noch andere ansehnliche Frauenzimmer in stattlichen Kleidern
und mit kostbaren Kleinodien.

Als die Majestäten in der Kirche angelangt waren,
knieten sie vor dem Hochaltar nieder und es las nun der
Kaiser und König in einem ihm vom Erzbischof vorgehaltenem
Buche. Nach Beendigung des Gebetes verfügte sich der Kaiser
an seinen im Chor herrlich hergerichteten Platz, wo er nieder=
kniete; die Kaiserin verharrte aber noch knieend vor dem Hoch=
altar vom Beginn des Hochamtes, „das durch viele Clerisei=
Ceremonien und Musica geziert gewesen" bis nach der Epistel,
während der Litanei aber legte sich die Kaiserin mit dem
Gesichte auf die vor ihr liegenden Polster, aus welcher
Stellung sie sich erst erhob als die Litanei zu Ende. Jetzt
empfing sie knieend durch den Erzbischof die Salbung mit dem
hl. Öl auf den rechten Arm, zwischen den Ellenbogen, an der
Hand und im Nacken.

Nun ist die Königin wieder durch ihren Obersthof=
meister von Dietrichstein und andere Herren, sowie durch
die Obersthofmeisterin Gräfin Portia und „etliche ihr Frauen=
zimmer" zur Umkleidung begleitet worden; „in köstliches
Silberstück" gekleidet, „mit einem köstlichen Halsgehenk und
Medaj (Medaillon) geschmückt" wurde sie dann zum Altar
geführt, unter Vortritt des Herrn von Sekzy mit dem ungar.
Reichsapfel, des Herrn v. Eßterhazy mit dem ungar. Scepter
und des Palatin mit der ungar. Krone. Zuerst ergriff nun
ein Bischof die Hauskrone der Kaiserin „so sehr hübsch von
Edelgesteinen und Perlen überaus herrlich gemacht" und setzte
sie derselben auf das Haupt, dann reichten die obengenannten
hohen Funktionäre dem Erzbischof die Kroninsignien und der
Erzbischof hielt die ungarische Krone der Kaiserin=Königin auf
die rechte Schulter, solange als man „den englischen Gruß"

gebetet, sodann wurde sie wieder abgenommen; die Hauskrone auf dem Haupte, ungar. Scepter und Reichsapfel in den Händen kehrte die Kaiserin-Königin an ihren „mit köstlichen Tape=ziereyen und Goldstücken" gezierten Platz im Chore zurück. Unter Absingung des Te Deum laudomus und Lösung der Geschütze endete die kirchliche Feier. Der Kaiser-König, dem zu seiten der Hofmarschall das Schwert, dann Obriststall=meister Graf Mannsfeld das Reichsscepter, Graf Solms den Reichsapfel gehalten, erhob sich von seinem Platz und schritt mit der Kaiserin-Königin, begleitet von einem „herr=lichen Comitat geistlicher und weltlicher, ungarischer und deutscher Herrn und dem Frauenzimmer" in „wolbisponirter Ordnung" in seine Gemächer zurück.

Sodann folgte das stattliche Bankett, das die Majestät für die Ungarn und Deutschen gehalten.

Solang die Krönung gewährt, hatte ein Bürger der Stadt auf dem Kreuz der Kirche, in welcher die Feier=lichkeit vor sich ging, eine Fahne geschwungen; nach ihm erstiegen dann noch im Laufe des Tages mehrere Ungarn und Deutsche diesen Turm und ein Soldat entkleidete sich oben angelangt bis auf die Unterkleider, um seine Geschick=lichkeit im Festhalten am Kreuz mit einem Arm zu zeigen.

Bei der Hoftafel, an der die Majestäten Teil nahmen, saß der päpstliche Nuntius, die spanische, florentinische und mantuanische Botschaft zur Rechten derselben, zur Linken aber der Erzbischof von Gran, neben ihm der Palatin; von den „Principal Ungarn" (Magnaten) haben bei währendem Bankett der Eßterhazy, Setzy nebst vielen anderen Ungarn, darunter auch Graf von Archot „gedient".

Nach dem Bankett wurde auf dem Rathaus ein Fest=ball — „ein Tanz" — abgehalten, „dabei auch Ihre Maje=stät neben dero geliebtesten Gemahlin mit mehristen ansehnlichsten ungarischen und teutschen Frauen=

zimmer, auf das Köstlichste geziert, bis über 7 Uhr abends mit großem Respekt und Frohlocken" beigewohnt.

Auch wurde anläßlich dieser Krönungsfeier „ein stattliches Schießen" (Scheibenschießen) abgehalten, das der Kaiser und König gegeben.

Unter Begleitung von etlichen Compagnien Reitern reisten die Majestäten am 11. August nach Wien ab.*)

Als drei Jahre später auf dem Reichstage zu Oedenburg, wohin Ferdinand sich am 18. Oktober 1625 mit seiner ganzen Familie und großem Gefolge begeben, die Frage der Krönung des 1608 geborenen Sohnes Ferdinands des Erzherzog Ferdinand Ernst zur Sprache kam, wogegen Bethlen Gabor, Ferdinand II., Gegenkönig in Ungarn, seine Einwendungen erhoben, da suchte Bethlen Gabors Partei, als kein anderes Mittel mehr verfangen wollte, durch die alte Gräfin Batthiany auf die Kaiserin-Königin Eleonore zu wirken, die man durch das Vorgeben gewinnen wollte, eine Wahl ihres Stiefsohnes, des Erzherzog Ferdinand Ernst könnte ihren eigenen Rechten als Königin von Ungarn Eintrag thun. Doch auch dies fruchtete nichts, Wahl und Krönung des Erzherzog Ferdinand Ernst gingen am 8. Dezember noch vor sich.**)

Kaiserin-Königin Eleonore starb zu Wien am 27. Juni 1655, nachdem sie ihren Gemahl, den Kaiser und König Ferdinand II., um 16 Jahre überlebt hatte.

---

*) Khevenhiller, Annales Ferdinandei. Leipzig 1724, Bd. IX. p. 1677 ff.
**) Hurter l. c. X. p. 149 f.

# Kaiserin-Königin Marie Eleonore.

Die kriegerischen Vorgänge in den ersten Dezennien der Regierung Kaiser Ferdinand III., die Vorgänge in Deutschland, wo der 30jährige Krieg noch wütete, und namentlich die Kämpfe in Ungarn mit dem Siebenbürger Fürsten Rakoczy bewirkten es, daß uns die Chronik von Krönungen der ersten und zweiten Gemahlin Kaiser Ferdinands mit der Krone des hl. Stephan nichts zu berichten hat.

Nur bei der feierlichen Einholung von Ferdinands erster Gemahlin Maria, Infantin von Spanien in Wien im Jahre 1631, sah man an der Spitze des prunkvollen Zuges, in welchem die Königin in einem „von lauterem Golde gestickten Brautwagen" einhergefahren, sieben Compagnien Husaren einherziehen. Es waren dies: Erstlich des Herrn Pauls Zichy Compagnie Ungarn, Husaren von Raab mit blauen Fahnen, zweitens Herrn Nikolai Lengfelds Compagnie Husaren von Pápa mit weißen Fahnen, drittens Herrn Palatinis Sohn Compagnie Husaren von Weszprim mit roten Fahnen, viertens zwei Herren Grafen Erdödy mit einer Anzahl ungarischer Herren — eine Huldigungsdeputation ungarischer Magnaten — und folgends eine Compagnie Husaren mit weißen Fähnlein, fünftens Herrn Grafen Nádasdys Compagnie Husaren mit grünen Fähnlein, sechstens zwei Herren Csáky neben anderen ungarischen Herren in Tigerhäuten — die zweite Abteilung der Hul-

7*

bigungsdeputation — folgends eine Compagnie Husaren mit roten
Fähnlein und siebentens Herrn Caspar von Draskowitsch
Compagnie Husaren mit roten und gelben Fähnlein. —
Jede dieser Compagnien führte eine schöne große Hauptfahne
mit sich.*)

Erst die dritte Gemahlin Kaiser Ferdinands III., Marie
Eleonore, des Herzogs Karl von Mantua durch hohen
Kunstsinn ausgezeichnete, mit seltener wissenschaftlicher Bildung
ausgestattete Tochter, die erste Stifterin des Sternkreuzordens
für Damen, sah als eine Fürstin des Hauses Habsburg sich
wieder die Krone des hl. Stephan in altherkömmlicher Weise
gereicht, welchem feierlichen Akte der Krönung der Königin
kurz darauf auch die Krönung ihres Stiefsohnes, des Erzherzogs Leopold, nachherigem Kaiser Leopold I. zum Könige
von Ungarn folgte.

Am 2. März 1655 war der Kaiser und König Ferdinand
III. mit seiner Gemahlin Marie Eleonore und dem Erzherzoge Leopold von Wien nach Preßburg gereist, wo
tags darauf der Einzug sich derart prächtig gestaltete, daß
man dergleichen Pomp hier vorher nicht gesehen, wurden doch
die Fürstlichkeiten von den ungarischen Ständen „in die 5000
Mann stark" in die Krönungsstadt geleitet.

Bei der Fahrt der Kaiserin zur Krönung am 6. Juni,
bis zu welchem Tage der Krönungsreichstag und die Vorbereitungen zur Krönung gewährt, ritten zur Seite des kaiserlichen Wagens die Fürsten Piccolomini und Gonzaga und
hinter demselben eine Anzahl Kavaliere ungarischer Nation.
Der Generalfeldmarschall Graf Buchheim und Graf Batthiany
„partierten aneinander die Straßen, damit kein Aufruhr oder
sonst Ungelegenheit entstünde."*)

---

*) Kaltenbäck, Das alte Wien. „Austria" p. 82.
) Birken l. c. p. 932.

Auf dem Platze bei der Kirche waren Dragoner und
Kürassiere in der Stärke von je 120 Mann aufgestellt, vor
dem Michaelerthor aber wieder eine ganze Compagnie Reiter,
auch stand die gesamte Bürgerschaft im Gewehr. Beim Ein=
tritte der Majestäten in die Kirche schritten außer den Würden=
trägern mit den Kroninsignien dem Kaiser die Bischöfe von
Gran, Agram und Warabin (Großwardein), der Kaiserin die
Bischöfe von Raab und Weszprim zur Seite. Nach der
Kaiserin folgte „dero abeliches Frauenzimmer," sonderlich —
für sich allein — „des Herrn Palatini Frau Gemahlin."

Die Krönung der Kaiserin zur Königin von Ungarn
vollzog der Herr Bischof von Weszprim, der, nachdem er
der Kaiserin zuvor noch ihre Hauskrone aufs Haupt gesetzt,
deren rechte Schulter mit der ungarischen Reichskrone be=
rührte.

Sobald der Königin Salbung und Krönung vorüber
war, gaben die Soldaten des Erzbischofes von Gran,
darauf die „Stadtguardi" (Bürgermiliz) von Preßburg und
zum dritten die Soldaten auf dem Platz die Ehrensalven.

Den Beschluß dieser weithintönenden Kunde von der
vollzogenen Krönung Marie Eleonorens bildete die dreimalige
Lösung „des groben Geschützes" (Kanonen) vom Schloßberge.

Bei der Krönung des Erzherzog Leopold erschien
der kaiserliche Prinz, wie die Chronik besagt, in einem kost=
bar gestickten „Hungarischen Rock daran allein die
Schlingen und Knöpfe auf 30000 Gulden geschätzt
worden."

# Kaiserin-Königin
# Eleonore Magdalena Theresia,
## die Großmutter Maria Theresias.

Als Regentin österreichischer Länder
Hat sie das betrengte Königreich Ungarn
Wiederumb zu sich und an Österreich gebracht
Epitaphium.

Kaiser Leopold I. hatte als seine dritte Gemahlin
1676 am 14. Dezember die Tochter des Pfalzgrafen Philipp
Wilhelm von Pfalz-Neuburg und dessen Gemahlin der Elisa=
beth Amalie, Landgräfin von Hessen-Darmstadt, die 21jährige
ob ihrer hohen Tugenden von fünf Fürsten umworbene
Eleonore Magdalena Theresia in die Burg seiner Väter zu
Wien eingeführt.

Es war dies eine Fürstin, deren Sinn in früher Jugend
dem Tanze und Spiele nicht abgeneigt sich jedoch bald immer
mehr und mehr auf das Ernste des Lebens gerichtet und die
nun als Regentin großer Staaten ihrem kaiserl. Gemahl bald
bei den wichtigsten Regierungsangelegenheiten treu helfend
zur Seite stand, was ihr später dann, als sie selbst eine Zeit
durch allein regieren mußte, gar wohl zu statten kam.*)
Eleonore, besonders in Sprachen bewandert — ihre Lieblings=

*) Hedwig von Rabics = Kaltenbrunner: Die Kaiserin Eleonore,
Großmutter Maria Theresias. Eine hist. Skizze nach zeitgenössischen
Quellen in H. Groß, Deutschlands Dichterinnen und Schriftstellerinnen
in Wort und Bild. Berlin 1885. III. p. 216 ff.

sprache war das Italienische und auch Französisch sprach sie
fertig und hatte schon als Prinzessin häufig französische
Werke ins Hochdeutsche übersetzt — übte jetzt am kaiserl. Hofe
zu Wien auch das Studium der Chiffrenschrift und hatte es
gar schnell dahin gebracht, für den Kaiser die einlaufenden
chiffrierten Briefe und Gesandtschafts-Depeschen der fremden
Höfe und eigenen Botschafter zu übertragen, bei welch „ver=
drußvoller Arbeit" sie viele Nächte zubrachte. Trotz solcher
Bethätigung fast männlichen Geistes, wie er sich schon auch
in ihrem mit einer auffallend hohen Stirn und den großen
ausdrucksvollen Augen versehenen edel geformten Haupte
äußerte, erschien die Kaiserin, deren Wesen echte wahre
Frömmigkeit erfüllte, zugleich mit allen Vorzügen weiblicher
Gefühlsweise ausgestattet und ausgezeichnet.

Gleichwie Eleonore Magdalena Theresia gar manchem
zum Tode Verurteilten das Leben rettete, gegen alle Unter=
gebenen stets gütig, milde und gerecht war, eine Vorliebe für
die armen hilflosen Kinder empfand, die Häuser der Armut
im allgemeinen als die Stätten ihrer unausgesetzten Fürsorge
erkannte — nahm sie doch einmal in dem Armenhause der
Residenzstadt Wien die Bespeisung und Bedienung von
300 Armen persönlich vor,*) — sich der Pflege der Verwundeten
mit dem Aufwande aller Kräfte hingab, — schickte sie doch
jährlich etliche Kisten voll leinener Tücher und anderen von
ihr in Gemeinschaft mit den adeligen Damen ihrer Umgebung
bereiteten Verbandzeuges sammt den nötigen Arzneien in die
Feldspitäler des kaiserl. Heeres, namentlich auch nach Ungarn
in die Lager gegen den „Erbfeind der Christenheit" — übte
sie mit einem Worte als vollendetes coeur d'arge die christ=
liche Charitas im vollsten und edelsten Sinne, so war sie zu=

---

*) Leben und Tugenden Eleonore Magdalena Theresias . . . .
Wien 1721. p. 212.

gleich in feiner Frauenarbeit, worin fie Meifterin ge=
wefen, unausgefetzt thätig und fertigte fie eigenhändig die
tunftvollften Metzgewänder und fonftigen Kirchenfchmuck, wo=
mit fie dann die Kirchen und Klöfter dies und jenfeits der
Leitha bedachte.

Soviel aber Eleonore an materiellem Gute für andere
aufwendete, fo gering waren die Ausgaben, die fie für fich
felbft machte; ihr äußeres Auftreten war von der größten
Einfachheit, nur an Galatagen erfchien die Monarchin in
befferer Toilette und trug dazu auch etwas an Schmuck „ob
der Bruft ein mit koftbaren Diamanten befetztes Kreuz und
an der andern Seite einen von Edelfteinen reichen Rofen=
kranz."*)

So erfchien fie denn auch 1681 im Dezember anläßlich
ihrer Krönung zur Königin von Ungarn in Oeden=
burg nur bei den höchft feierlichen Momenten in den ent=
fprechenden Feftgewändern und mit Anlegung von Schmuck,
fonft im übrigen auch da ihre gewohnte große Einfachheit
einhaltend; gleichwie fie auch bei diefer Gelegenheit ihren emi=
nenten Wohlthätigkeitsfinn in edelfter Form bethätigte. Da
ihr nämlich als der „neugekrönten Königin die ungarifchen
Landftände das Krönungsgefchenk von 20 000 Dukaten über=
reichten" fo fchlug fie die Annahme desfelben großmütig aus
„mit der beigefetzten chriftmildeften Ermahnung" fie möchten
einen Teil diefes Geldes „zum Auffommen und zur Zierde
der ärmeren Gotteshäufer in Ungarn anwenden."**)

Die ungarifchen Krönungsfeierlichkeiten der
Kaiferin Eleonore Magdalena Therefia, welche für
Ungarn von fo großer Bedeutung geworden, fie hat der Zeit=
genoffe Johann Probft, kaiferlicher Hoffekretär, in einer eigenen

---

*) ibid.. l. c. p. 175.
**) ibid. l. c. p. 48.

heute schon sehr selten gewordenen Schrift ausführlich geschildert. Diese Schrift befindet sich in der K. K. Universitätsbibliothek zu Wien und wurde dem Verfasser dieser Zeilen durch den Vorstand des genannten kaiserlichen Institutes Herrn Direktor Ferdinand Grassauer in der liebenswürdigsten Weise im Wege der K. K. Studienbibliothek in Laibach, dessen Vorstande Herrn Bibliothekar Dr. Gottfried Muys ich mich, wie Herrn Direktor Grassauer, im allgemeinen für die Förderung meiner Arbeiten besonders verpflichtet fühle, zur Benutzung überlassen, wofür an dieser Stelle nach beiden genannten Seiten der specielle Dank ausgesprochen sein soll.

Ich werde nun aus der umfangreichen, 10 Blätter klein Folio zählenden gleich frisch wie lebhaft gehaltenen Schilderung die markantesten Stellen herausheben, nur in der Schreibweise Änderungen vornehmend und den Gang der Darstellung nicht alterierend.

Im Vorworte konstatiert der Verfasser der Denkschrift, daß ihm von der Kaiserin selbst der Auftrag zur Abfassung derselben geworden und er bittet die Majestät „aus angeborener mildester Güte zu verstatten, daß zu Dero ewigen Ruhme und Erinnerung diese prächtigste Ungarische Krönung mittels des Druckes kund gemacht werden und in steter Gedächtnis der Nachwelt blühen möge." *)

Die Eingangszeilen der Denkschrift selbst sind der Erinnerung daran gewidmet, daß Kaiser Leopold, in der Absicht, das Königreich Ungarn aus dem bisherigen unruhigen Zustand „in einen sicheren Ruhestand wieder zu versetzen" den Reichstag in die freie Stadt Oedenburg zum Mai des Jahres 1681 einberufen und sich persönlich zur Teilnahme daran dahin begeben habe.

---

*) Königliche = Ungarische Krönung der Allerdurchlauchtigsten . . Frauen Eleonore Magdalena Theresia . . . Gedruckt zu Wien bei Leopold Voigt 1682.

Und da auch die Kaiserin die ganze Zeit der langen
Verhandlungen an der Seite ihres kaiserlichen Gemahls da=
selbst geblieben, so verlangten und wünschten die Stände
Ungarns nichts mehr, als die „tragende Schuld" der Kaiserin
gegenüber durch die That zu erweisen und so beeilten sie sich
den Beschluß zu fassen, „Ihre allergnädigste Frau Majestät
zu Ihrer und des Reiches Ungarn Königin des Vaterlandes
Herkommen gemäß mit ehesten zu krönen."

Dieser Beschluß wurde alsbald „durch öffentlichen Trom=
peten= und Paukenschall aus dem Landhause Jedem männiglich
unter frohlockenden Zurufen und einem jauchzendem Vivat!"
bekannt gegeben.

Nachdem durch den Palatinus Paul Grafen Eßter=
hazy beim Kaiser und durch eine eigene Deputation von
geistlichen und weltlichen Herren bei der Kaiserin die Ein=
willigung zur Krönung eingeholt worden, brachten die Kron=
hüter Graf Stephan Zichy und Graf Christoph Erdödy
die Krone des hl. Stephan und die anderen Kleinodien von
Preßburg nach Oedenburg herbei. Beim feierlichen Einzuge
dieses hl. Palatiums der ungarischen Nation, wobei Oberst
Graf Karl Palffy zwei Compagnieen geharnischte deutsche
Reiter führte, und auch ein „Geschwader von ungarischer
leichter Reiterei mit Lanzen und daran gehefteten Fähnlein,
sowie 100 Edelleute mit Tiger= und Leopardhäuten umgeben"
gar prächtig aufzogen, erregten des Palatinus Paul
Grafen Eßterhazy drei kleine Söhnlein „mit ihren
Pusikanen" in den Händen hoch zu Roß „die allgemeine Er=
götzung der Zuschauer" und haben gezeigt, „wie die Herrn
Hungarn von Kindesbeinen an zu denen Kriegsübungen
aufwachsen." Diese gesamte Reiterei kam angerückt unter
Trompeten= und Paukenschall und war dabei „allerhand
ungarisches Feldgeschrei anmutig zu hören."

Es ritten daher im Zuge weiters der Ungarische und

Deutsche hohe Abel von Grafen und Herren in schönster
Kleidung und auf kostbarlich gezierten Pferden „als wodurch
— bemerkt der Berichterstatter — die streitbaren Ungarn
ihre tapfren Tugenden den Feinden täglich erweis-
lich machen." Dann sah man den Banus von Kroatien
Graf Nikolaus Erdödy zwischen den Grafen Franz Eßterhazy
und Johann Draskovich, zu Seiten des Palatin aber die
Grafen Nikolaus Draskovich und Stephan Csaky; gar prächtig
zu schauen waren auch die ungarischen Bischöfe in ihren
Kutschen und die anderen vornehmen Herren; die Kronwache
mit Fahnen und Trommler war durchweg „in neuen Kleidungen."
Prachtvolles Wetter begünstigte das herrliche Schauspiel,
während die vorangegangenen und nachgefolgten Tage „durch
finstere Regenwolken in Betrübnis gestanden." Am nächsten
Sonnabend wurde die hl. Stephanskrone, Scepter,
Reichsapfel, der königl. Mantel des hl. Stephan und
dessen Schwert durch den Palatin vom Fenster des Rat-
hauses dem Volke gezeigt, das, während die ungarischen
Stände die Krone mit tiefster Ehrerbietung geküßt,
in frohlockendes Geschrei ausgebrochen.

Den 9. des Christmonat, als den zur Vornahme der
Krönung der Kaiserin bestimmten Tag, bestrahlte die Sonne
wieder alles Vermuten mit lieblichem hellen Wetter. Da
gab es ein gar gewaltiges Gedränge auf dem Platze bei der
Franziskaner Kirche, dem Orte der hl. Ceremonie. Die Ordner
beim Einlasse in die Kirche die Grafen Piccolomini, Nostiz,
Kollonics, Kerh, Illeshazy neben den Freiherrn Kohary, Szapary
und Sarkany hatten auch den Damen des ungarischen und
deutschen Abels die Plätze auf der in der Kirche drinnen aufgerichteten Tribüne anzuweisen, die gleichwie die Kirche bis
zum Altar, der Chor und der Gang zur Kirche aus der
Wohnung des Kaiserpaares „der ungarischen Wappenfarbe
gemäß mit weiß, grün und rotem Tuche belegt" gewesen.

In Gold- und Silberstücken erglänzten die inmitten des Thors der Kirche für den Kaiser und die Kaiserin errichteten Thronsessel; hinter dem Sessel des Kaisers waren die Plätze für die fremden Botschafter mit rotem Sammet belegt. Von Bischöfen waren angemeldet die Erzbischöfe von Gran und Kalocza, der Bischof von Neutra, der den abwesenden Bischof von Weszprim in dieser Funktion zu vertreten hatte, die Bischöfe von Agram, von Waitzen, von Novy u. a. m. Auf dem kaiserlichen Oratorium waren die Plätze reserviert für die der Feierlichkeit „unbekannter Weise" (incognito) beiwohnenden Sommitäten den Kardinal Bonvisi Eminenz, die Markgrafen von Baden Ludwig und Hermann und den Bischof von Wien „Fürstliche Durchlaucht."

Die ersten in der Kirche waren das adelige Frauenzimmer auf ihrer Tribune, die „Deutschen und Ungarischen" Damen, „in schönsten Kleidungen die mit Edelsteinen, Gold und Silber dermaßen ausgeschmückt — gleichwie der ungarische vornehme Adel an kostbarlicher Pracht in ihrer löblichen beständigen Kleiderart es der andren Länder Völker schier weit bevorthut — daß die unten in der Kirche Stehenden sich über alle und jede Schönheit nicht genugsam zu verwundern gewußt."

Als die Kaiserin die Kirche betrat erschien sie angethan mit einem „aus weißen Silberstück mit goldenen Blumen köstlich (kostbar) gestickten Guard-Infant oder weiten hispanischen Rock mit anhangenden langen Ärmeln, die mit Edelsteinen überaus reich gestickt waren und dessen „langen Schweiff" (Schleppe) die Obersthofmeisterin nachgetragen. Kaiser Leopold erschien mit der Kaiserkrone auf dem Haupte umgeben von dem Oberstkämmerer, Graf Dietrichstein und den Leibwachhauptleuten Grafen Franz Augustin Waldstein und Franz Mannsfeld, den Reichsherolden, den Grafen Truchseß, Colloredo und Oettingen und den bereits obengenannten ungarischen Würdenträgern den Palatin Eßterhazy an der Spitze.

An einem Fenster im Kirchenchore befand sich die zwölf=
jährige Tochter des Kaisers, Erzherzogin Maria Antonia,
mit ihrer Hofdame, die (incognito) von dieser Stelle aus
am bequemsten alles was vorgangen, eigentlich (recht) schauen
und merken (bemerken) hat können.

Der Akt der Krönung wurde in der bereits vorbeschriebenen
herkömmlichen Weise vorgenommen; der 80jährige und
schwache Erzbischof von Gran, Herr Georg Szelepcheni
„als das vornehmste geistliche Haupt im Königreich," der
aber wegen seiner Gebrechlichkeit den meisten Teil der Kirchen=
feier hindurch sitzend in seinem Sessel zugebracht, nahm die
Salbung und Krönung der Königin selbst vor; bei
der Krönung reichte ihm der Palatin die königliche hl. Krone
und der Erzbischof stellte sie mit Zuthun des Palatin dem
ungarischen alten Herkommen gemäß der Königin auf die
rechte Achsel, doch nur eine kleine Weile, worauf dann der
Bischof von Neutra königl. ungar. Hofkanzler an Stelle und
im Namen des abwesenden Bischofes von Weszprim „der
Königin ordentlicher Kanzler von Alters her" der neuen
Königin von Ungarn ihre Hauskrone auf das Haupt gesetzt.

Die Vornahme der ganzen Ceremonie war durch „der
Königin zugleich majestätisch und gnädigst holdseliges An=
sehen" für alle Anwesenden, Deutsche wie Ungarn derart
rührend, daß dieselben „vor übermäßiger innerster Herzens=
freude, ihre heißen Thränen vergossen." Zum Herzen greifend
waren auch die Worte in der Ansprache, die der Erzbischof
von Kalocza, Bischof zu Raab Herr Georg Szechenv an die
Königin richtete, indem er sie bat, Ihre Majestät geruhe nun=
mehr als eine wahre Mutter das Königreich Ungarn und
dessen bedrängte Einwohner als gehorsamste Unterthanen
und Kinder in dero königlichen Huld und Gnade jederzeit
empfohlen zu halten.

Der Berichterstatter kann ferner nicht genug das „lieb=

liche Stimmen= und Saitenspiel" hervorheben, das bei dem
Hochamte und dem Tedeum durch die Räume der Kirche er=
klungen.

Bei der Opferung gaben Ihre Majestät die Königin in
eine von zwei Bischöfen gehaltene Schale eine eigens geprägte
goldene Münze mit Jahrzahl und Krönungstag und auf der
anderen Seite mit dem Sinnbild der Kaiserin=Königin, einem
seefahrenden Schiffe.

Nachdem noch der Erzbischof von Kalocza der Königin
das hl. Abendmahl gereicht, war die kirchliche Feier beendigt,
und die nach ihrer Wohnung zurückkehrenden Majestäten vom
Volke mit frohlockendem Jubelschrei empfangen. Auch hat das
Volk das Tuch, womit der Gang belegt gewesen „gewöhnlicher=
maßen zu sich gerissen*) nicht zwar aus Gewinnsüchtigkeit,
sondern nur trachtend etwa ein kleines Schnittel (Stückchen)
davon zum Gedächtnis anheim zu bringen und aufzubehalten,
damit auch die Ihrigen noch ein Merkzeichen dieser erwünschten
und glücklich vorgegangenen königlichen Krönung anschauen und
ihrer Königin mit getreuem Vivat! auch abwesend zurufen
möchten!" Mit diesen Worten schließt der Verfasser der Denk=
schrift den Hauptteil seiner Schilderung.

„Nach glücklich vollendeter Krönung — fährt er dann
im Anhange zu erzählen fort — hatte das ungarische hoch=
adelige Frauenzimmer der Kaiserin Majestät als ihrer neu=
gekrönten Königin zum Zeichen des Glückwunsches zwar in
der Kirche schon die Hand unterthänigst küssen sollen, da aber
solches wegen Enge des Ortes und ohne Verwirrung nicht thun=
lich gewesen," fand diese Ceremonie in der Kaiserin Vorzimmer statt.

Inzwischen war in der Ritterstube die „Tafel" geordnet
worden zur Abhaltung des Festmahles. Die Ritterstube selbst
war mit kostbaren „Tapezereyen" von niederländischer Arbeit,
den Gobelins, geschmückt und unter einem Baldachin saßen

---

*) Wie bei den deutschen Kaiserkrönungen.

v. Radics, Fürstinnen des Hauses Habsburg.　　　8

dann beim Mahle auf Lehnsesseln „mit gelbem Goldstuck"
die Majestäten, die jugendliche Erzherzogin Maria Antonia
auf rotsammetenen Sessel mit Hand und Rücklehnen; auf ge=
wöhnlichen Sesseln, die auf dem Sitze und an der Lehne mit
rotsammetenen Kappen versehen waren die Gesandten von
Spanien und Venedig; da ward in seinem Tragsessel der
greise Erzbischof von Gran zur Hoftafel hereingetragen und
hatte seinen Platz gegenüber dem spanischen Gesandten, an
ihn reihten sich der Palatin und der Erzbischof von Kalocza.
An der Ritterstubenthür hatte zum Einlaß und „gegen des
gemeinen Volkes Eindringen" der königlich ungarische oberste
Thürhüter die Freiherren Johann von Sarkany und Peter
Szapary „bestellt."

Zum Auftragen der Speisen auf die kaiserliche Tafel
waren nachfolgende königlich ungarische Truchsessen nominiert:
J. Lippay, G. Balassa, St. Kohary, L. Karoly, St. Orhoczy,
N. Keglevich, Graf A. Batthiany, E. Kohary, M. Eszterhazy,
M. Ciriaky, Graf A. Kollonics, Graf S. Pethö, P. Eszter=
hazy, J. Priny, Graf N. Illieshazy, A. Viczary, J. Kohary
— im ganzen 17 Herren, denen die Herren Graf Georg Illies=
hazy, königlich ungarischer Stabelmeister und Graf Sig=
mund von Kollonics mit den Stäben in der Hand vorgetreten.

Ihre Majestät die Kaiserin=Königin war zu Tafel in
ihrer vorigen Kleidung im Guarbinfant oder spanischem Rocke
erschienen, doch ohne Hauskrone auf dem Haupte; die un=
garische Krone lag während des ganzen Essens auf einem
zur Linken der Kaiserin=Königin stehenden Tischchen von
den Kronhütern behütet.

Während der Tafel wurden die Stücke und Musketen
gelöst und im Saale ertönte von den kaiserlichen Musikanten
eine herrliche des gekrönten Komponisten Kaiser Leopold würdige
Musik, „allerhand Stimmen, (Vokalmusik) Saitenspiele auch
Pauken und Schalmeien;" als die Majestäten die Toaste

ausbrachten, erhoben sich die Gäste. Während dem Kaiser
der Kämmerer Graf Ludwig Colloredo, der statt des ab=
wesenden Reichserbschenken Grafen Hohenzollern den Scepter
getragen, den „Trunk" reichte, haben der Kaiserin Königin
nur allein die Herren Ungarn aufgewartet und Graf
Batthiany der Sohn des abwesenden königlichen obersten
Mundschenk „mit dem Glase gedienet."

Nach dem Krönungsmahle speisten die Würdenträger und
der übrige vornehme Adel, sowie die Abgeordneten der Gespann=
schaften und Städte, teils in der Kämmerer ordentlicher Tafel=
stuben, teils auf dem Landhause und dem Rathause — die
Hofdamen, auch was sonsten vom deutschen und ungarischen
hohen Adel eingeladen worden, hatten schon während der
Hoftafel in der Kaiserin=Königin Wohngemächern ein Fest=
mahl „von niedlichen Speisen, ansehnlichen Zuckergebäcken und
überflüssigen Früchten" eingenommen und waren von vielen
kaiserlichen Kämmerern unterhalten worden.

Wie es bei diesen Tafeln „an schmackhaften Speisen"
keinen Abgang hatte, also hat es auch „an Keller und trefflich=
sten Weinen nicht ermangelt." „Die Herren Ungarn — schließt
Probst seine Krönungsdenkschrift — haben am österreichischen
Weine ein absonderliches Wohlgefallen getragen und diesen
schier allem anderen vorgezogen und mit diesem Weine auch
die Glückwunschrufe — für König und Königin — ausge=
bracht, sowie auch daß auf die Krönung Ihrer Majestät der
Frau Mutter auch die dero Herren Sohnes des Erbprinzen
folgen möge, was dann der gütige Himmel der werten
Christenheit zum besten zur Beschützung der Vormauer gegen
den blutdürstigen Erbfeind zu seiner Zeit anzuschicken zuver=
sichtlich nicht unterlassen wird; gleichwie die feste Mutmaßung
zu schöpfen, daß dieser Ihrer Majestät unserer allergnädigsten
Frauen Krönung zu einer Königin von Ungarn mit jeder=
männiglicher höchsten Freude und Vergnügung ohne einigen

8*

Zwiespalt, Widerwillen oder sonst verspürte Unruhe glücklich
vollbracht worden!"

In der Schatzkammer Kaiser Leopold I. zu Wien
sah der englische Reisende Dr. med. Edward Brown, den die
altberühmte königliche englische Gesellschaft in London — die
heutige Royal Society — auf eine große Studienreise nach
dem Kontinent und bis nach Ungarn, Serbien, Bulgarien,
Macedonien und Thessalien gesandt ein Modell der un=
garischen Krone, das in der Übertragung des Reisebe=
richtes\*) also beschrieben wird: „Solches (Modell) war von
Gold, geziert mit vielen köstlichen Steinen sehr wohl und nett
gemacht, nach der Manier und Art der ungarischen Krone:
ja dieses Modell sollte fast reicher und köstlicher als das
Vorbild selbst kommen."

Die Kaiserin-Königin Eleonore Magdalena Theresia,
deren frommen Sinn wir schon wiederholt zu betonen Ge=
legenheit hatten, hat denselben insbesondere auch in Ungarn in
werkthätiger Übung erhalten und verband sie auch hier in eif=
riger Pflege desselben immer auch kulturelle und humanitäre
Zwecke. So sorgte sie für die Erziehung der weiblichen
Jugend Oberungarns, indem sie Schwestern des vornehm=
lich der Jugendbildung gewidmeten Ordens der Ursulinen
von Preßburg aus in Kaschau einsetzte\*\*) und anderseits an
die Ostgrenze des Reiches der ungarischen Krone nach Sieben=
bürgen an den Grafen von Steinville den Befehl ergehen
ließ, den Brüdern „des Ordens der Weißspanier" hilfreiche
Hand zu ihrer Niederlassung zu bieten, „durch dessen Vor=
schub — wie die zeitgenössische Bemerkung lautet — diese
Brüderschaft zur Wiedergewinnung der Gefangenen" auch zu
Karlsburg festen Fuß gefaßt und den in der Türkei gefangenen

---

\*) Edward Brown . . . gethane ganz sonderbare Reisen. Nürn=
berg 1711. p. 96.

\*\*) Almanach von Ungarn 1778. 284.

Christen aus der Nähe um so füglicher beizuspringen Ge=
legenheit erhielt."*)

An diese Beziehungen Eleonorens zu Ungarn erinnert
u. a. auch das Gnadenbild Maria von Pötsch**) auf
dem Hochaltare des St. Stephans-Domes zu Wien, das
im Jahre 1676 ein ungarischer Landmann von einem heimat=
lichen Maler auf Holz malen lassen und „an welchem Bilde
zwanzig Jahre nachher (1696) in der griechisch=katholischen
Kirche zu Pötsch während der Messe ein anderer Landmann
es wahrgenommen," „daß aus den Augen der Madonna
Thränen flossen," „welche Erscheinung sich, laut mehrfachen
Zeugnissen öfters wiederholte" und welches nun als wunder=
thätig bezeichnete Gnadenbild im Jahre 1697 durch den Abt
von Tapolcz Grafen Emmerich Csaky nach Wien in das
kaiserliche Schloß Favorita überbracht wurde. Am 7. Juli
des ebengenannten Jahres ward es dann in die Hofpfarr=
kirche zu St. Augustin übertragen, wo es von der Kaiserin=
Königin Eleonore selbst mit einer von Diamanten und
Edelsteinen glänzenden Rose und mit der Bezeichnung Rosa
mystica — geistige Rose — ausgezeichnet und verherrlicht
wurde. Später erfolgte dessen Übertragung an den jetzigen
Standort den Hochaltar zu St. Stephan.***)

Der erste große Schmerz in ihrem nur Edlem und Gutem
geweihten Leben traf die erhabene Fürstin bei dem Hinscheiden
ihres kaiserlichen Gemahls, des Kaisers Leopold I., der am
5. Mai 1705 das Zeitliche segnete und neues herbes Leid
erfüllte das treue Herz, als sechs Jahre später ihr Erstge=
borener Kaiser Joseph I. — seit 1687 gekrönter König von
Ungarn — so rasch seiner Herrscherlaufbahn und den Seinen
durch den Tod entrissen worden!

*) Leben und Tugenden Eleonorens rc. p. 224.
**) Ein Dorf in Ungarn in der Erlauer Diöcese.
***) Donin, der Stephansdom und seine Geschichte. p. 233 ff.

War schon zu Lebzeiten des jugendlichen Herrschers der Rat der vielgeprüften Kaiserin-Königin Mutter allzeit ein hocherwünschter gewesen, so trat jetzt als Joseph seine Augen für immer geschlossen, und der Bruder Karl, als König in Spanien die Verwaltung des dortigen Habsburger Reiches führend, nicht alsbald die Nachfolge in dem Kaisertume, den Königreichen und Erbländern antreten konnte, die Notwendig=keit an die Kaiserin-Königin Eleonore heran, bis zu Karl VI. Regierungsantritte hier für ihn die Regentschaft zu führen. Sie unterzog sich ihrer wichtigen Aufgabe mit der unverdrossendsten Sorgfalt und Gewissenhaftigkeit, überlas die eingereichten Bittschriften und die Beschlüsse der Reichs= und Gerichtsstellen selbst und in allen Entschlüssen zeigte sich ihre seltene Milde, gepaart mit edler Gerechtigkeitsliebe.

Unsterblich aber hat sich in diesen Tagen ihrer selbständigen **Regentschaft** (17. April 1711 bis 26. Jänner 1712) die Groß=mutter der unvergeßlichen Kaiserin-Königin Maria Theresia, die **Kaiserin-Königin Eleonore Magdalena Theresia um das Königreich Ungarn verdient gemacht.**

Ihr gelang es nämlich den seit neun Jahren herrschen=den Aufstand des Rakoczy zu beendigen, indem sie durch den **Vertrag von Szatmár,** 26. Mai 1711, die Ungarn be=ruhigte, in welchem Vertrage der kaiserliche Hof allgemeine Amnestie, den Protestanten kirchliche Freiheit und die Besetzung der Staatsämter mit eingebornen Ungarn zusicherte,*) worauf Rakoczy Ungarn verließ, um nicht wieder dahin zurückzukehren. Um das Zustandekommen des Vertrages hatten sich auch die Magnaten Palffy und Karolyi, in dessen Schloß zu Naghkárolyi die Friedensartikel ins Reine gebracht wurden, große Verdienste erworben.**)

---

*) Zinken, Ruhe von Europa. II. p. 1197 ff.
**) Feßler, Geschichte von Ungarn. 2. Aufl. 1883. V. p. 119 ff.

Dieser Vertrag von Szatmár war der Ausfluß der echt christlichen Milde und des hohen Gerechtigkeitsgefühls Eleonorens, welche nicht darnach fragte, welch Standes oder Herkommens, welch Glaubens oder welcher Nationalität ein oder der andere Unterthan ihrer Reiche sei oder wäre und die immer deren aller Bedürfnisse im Auge hatte!

Wie gewaltig die Nachwirkung dieses ihres so hervorragenden Schrittes zur Pacifikation Ungarns noch lange nachher auch diesseits der Leitha empfunden worden, dafür liegt der beste Beweis in den Worten ihres Lobredners, des Dompredigers Peickardt von St. Stephan in Wien, noch heute vor. Nachdem besagter Redner die menschlichen Tugenden Eleonorens nach „Zahl, Maß und Gewicht" genugsam abgewogen, fragt er: Was war unsere gerechte Kaiserin in ihren Regierungszeiten? Eine Deborah, wohl eine sieghafte Deborah, eine preiswürdigste Witwe. Die ungarischen Empörungen hatten unter Selber ihr Feuer gelöschet und jene Waffen in die Scheide gestoßen, denen das Überwinden nicht lobwürdig sein konnte. Die Fahnen des einheimischen Krieges haben unter dieser Herrscherin sich zusammengewickelt und der noch unbezwungene Unterthan hat von selbst seinen Frieden erbeten, welchen man immer (nur) von den Waffen hoffen konnte. Keine schönere Rache hat die Welt jemals gesehen, als ungehorsame Länder mit dem Ruhestand strafen und die Siegeszeichen mehr mit den Freudenthränen als mit vergossenem Menschenblut befeuchten wollen." *)

Gottselig, wie sie gelebt, war die fromme Kaiserin-Königin in ihrem 65. Lebensjahre am 19. Jänner 1720 zu Wien gestorben. Ihrem Wunsche entsprechend ward sie mit möglichster Einfachheit zu Grabe getragen. Der damals in Wien eben anwesende türkische Großbotschafter, welcher dem Leichenbe-

---

*) Leichpredigt auf Eleonore Magdalena Theresia . . . Wien 1720. p. 22.

gängniſſe zuſah, äußerte ſeine Verwunderung, daß die Fürſtin
eines ſolchen Reiches mit ſo wenig Pracht zur Erde beſtattet
werde, der Botſchafter jener Macht, die eben in den Tagen
der Kaiſerin-Königin Eleonore die entſcheidenden Niederlagen
vor Wien und Oſen erlitten. Sowohl dem Gebet dieſer gottergebenen chriſtlichen Fürſtin wie nicht minder den von ihr
in ihrem ſegensreichen Wirkungskreiſe aufopferungsvollſt be-
thätigten Werken der Nächſtenliebe und Humanität hat man
ein vornehmlich Teil zugeſchrieben an jenen Siegen Öſter-
reich-Ungarns über den Erbfeind der Chriſtenheit!

Und der zeitgenöſſiſche Deutſche Dichter Chr Gryphius*)
legt in ſeinem Gedichte: Streit der vier Jahreszeiten und zwölf
Monate um das öſterreichiſche Glücke dem Geburtsmonde der
Kaiſerin-Königin die Worte in den Mund:

> Und daß die Kaiſerin der Hungarn Kron empfing
> Sind Blicke von den Strahlen
> Mit welchen meine Tag und Stunden freudig prahlen.

---

*) Herrn von Hoffmannswaldau und andrer Teutſchen Gedichte.
Frankfurt und Leipzig 1734. V. p. 203.

# Kaiserin-Königin Elisabeth,

## die Mutter Maria Theresias.

Welch ausgezeichnete Lebensgefährtin Leopold I. und Eleonorens zweitgeborener Sohn Karl III. König von Spanien in der hervorragend schönen und mit unvergleichlichen Geistes- und Gemütsanlagen versehenen Wolfenbüttelschen Prinzessin Elisabeth Christine — geboren 28. April 1691, vermählt 1. August 1708 — sich erkoren hatte, ward wohl am deutlichsten in dem Augenblicke, als er sie nach wenigen Jahren ihrer glücklichsten Ehe in seinem spanischen Reiche als Regentin zurücklassen mußte, da ihn der Tod seines Bruders, Kaiser Joseph I. zur Nachfolge in der Regierung Österreich-Ungarns, beziehungsweise auf den deutschen Kaiserthron von dort ab- berufen hatte.

Ein ganzes Jahr lang führte die treffliche Fürstin in dem schwierigen Lande die Herrschaft mit fester Hand und die venetianischen Botschafter konnten der Lobes- und Ruhmes- worte nicht genug finden, um die „vorzüglichen Regenten- tugenden dieser einzigen Frau" in das rechte Licht zu stellen. Nachdem ihr Gemahl als Karl VI. zum deutschen Kaiser zu Frankfurt gekrönt war, kehrte Elisabeth am 11. Juli 1713 nach Wien zurück. Der gleichfalls noch 1712 erfolgten Krönung Karls zum König von Ungarn folgte die Krönung Elisabeth Christinens zur Königin von Ungarn zu Preßburg am 18. September 1714 nach dem altherkömmlichen mehrbeschriebenen Gebrauche.

Die wunderbar schöne Erscheinung der Kaiserin-Königin gewann ihr rasch die allgemeinen Sympathien des ritterlichen Volkes der Ungarn. Die bekannte englische Reisende Lady Montague, welche die Kaiserin zwei Jahre später in Wien gesehen — da zählte Elisabeth 25 Jahre und war bereits 8 Jahre vermählt — schildert sie in nachstehend begeisterter Weise: „Ich war — schreibt die erwähnte vornehme Touristin — von dem Anblicke der Kaiserin wie bezaubert, ihre Augen haben einen lebhaften und dabei äußerst sanften Blick. Ihre Gesichtsfarbe ist das Schönste, was ich je gesehen habe. Nase und Stirn sind höchst wohlgebildet, ihr Mund aber hat tausend Reize, welche die innerste Seele rühren. Wenn sie lächelt, so geschieht es mit einer Anmut, die zur Verehrung nötigt. Ihre Haare sind weich, von dem schönsten Blond und der äußersten Feinheit. Man muß jedoch Dichter sein, um den Reizen ihrer Gestalt Gerechtigkeit widerfahren zu lassen. Alles, was je mit der überspanntesten Phantasie von der sanften reizenden Anmut der Venus gesagt wurde, bleibt hinter der Wahrheit zurück. Die Grazien bewegen sich mit ihr, jede Miene, jeder Schritt entwickelt neue Reize, unnachahmlich schön sind ihr Hals und ihre Hände; ja ehe ich sie gesehen, glaubte ich nicht, daß so Vollkommenes auf Erden wohne." Und der Sachse Küchelbäcker*) der, um viele Jahre später (um 1730) den Wiener Hof besuchte, ruft dithyram-bisch aus: daß die regierende Kaiserin „gleichwie ein himmlischer Magnet die Herzen aller derjenigen an sich ziehe, die nur einmal sie zu sehen die Gnade genießen."

Elisabeth Christine, die mit ihrem Gemahl eines Herzens und Sinnes gewesen und ihn überall hin begleitete, teilte u. a. auch seine große Vorliebe für die Jagd und sie war

---

*) Neueste Nachrichten vom Römisch-Kayserlichen Hofe. Hannover 1732. p. 149.

eine so vorzügliche Jägerin, daß über ihre Trefffischerheit nur eine Stimme der Bewunderung herrschte. Vornehmlich muß man — versichert der oben citierte sächsische Schriftsteller — bei den Hofjagden, den großen Hirschjagden, die überaus große Geschicklichkeit der regierenden Kaiserin bewundern, welche alle= zeit, ehe sie schießt, dasjenige Stück Wild bezeichnet, so sie erlegen will, welches dann meistenteils durch denselben Schuß zu Boden fällt. Auf diesen Jagden erschien die Kaiserin „en Amazone" gekleidet, die übrigen Damen in gewöhnlicher Toilette. „Nach Beendigung des kaiserl. Jagens kommt — wie wir dort weiter lesen — der Obersthofjägermeister mit der ganzen Jägerei, welche in die Hörner stößt und dem Kaiser und der kaiserl. Herrschaft je einen grünen Busch (Strauß) überreicht, welchen der Kaiser und die Kaiserin auf den Hut stecken, alsdann geht es zur Tafel, dazu jedermann aus der Jagdgesellschaft zugezogen wird."

Die Lust an der Jagd führte denn auch die Majestäten alljährlich nach Ungarn und zwar nach dem kaiserl. Jagd= schlosse Halbthurn unterhalb Oedenburg, in der Nähe des Neusiedler=Sees „wo sich dieselben stets mehrere Tage lang mit der Jagd divertierten." „Es ist — sagt der Zeit= genosse Küchelbäcker — die Wildbahn allhier unvergleichlich und in dieser Gegend allerhand Wildpret sowohl von Schweinen als Hirschen wie auch Flügelwild (Geflügel) anzutreffen. Überdies ist allba auch ein schönes Gestüt angelegt, allwo die schönsten Pferde gezogen und hernach in den kaiserl. Stall gebracht werden. Das Schloß daselbst ist ganz neu gebaut und gar bequem eingerichtet, ohnerachtet es eben nicht allzu groß ist; in gleichem ist auch der hiesige Garten gar artig."*)

Eine dauernde Erinnerung hat sich die Kaiserin=Königin Elisabeth, in deren Wesen stets Bescheidenheit, Milde und

---

*) l. c. p. 848.

Jagdschloß Halbthurn.
Aus dem Werke: Die Österreich-Ungarische Monarchie in Wort und Bild.

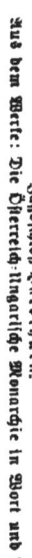

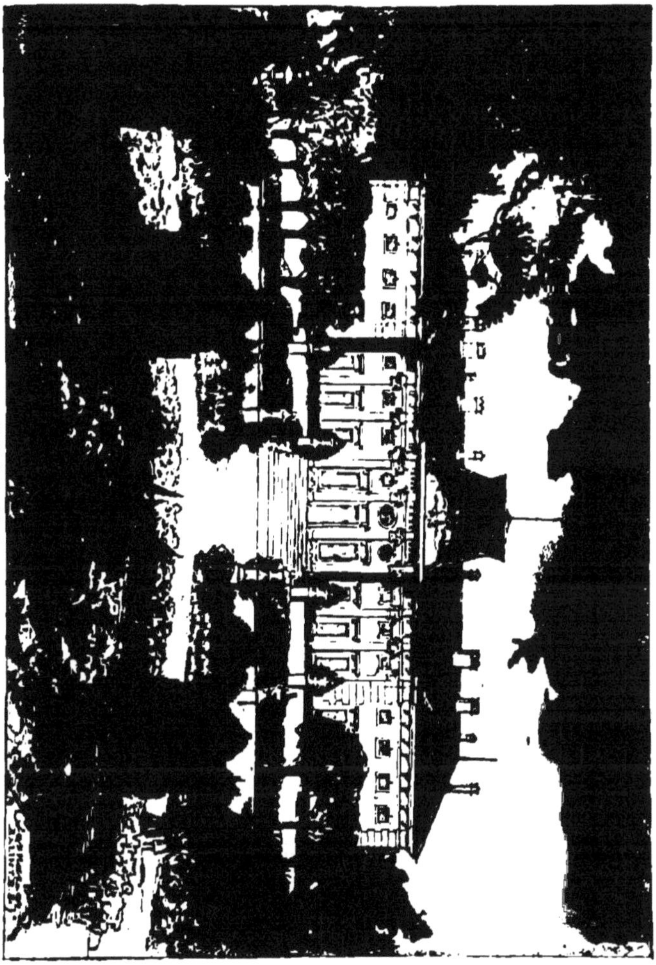

Würde ausgeprägt waren und die eine ebenso große Frei=
gebigkeit als hervorragende Wohlthätigkeit auszeichnete, in den

Reihen der k. und k. ruhmreichen Armee durch die auf keine
Nation und keine Religion beschränkte Stiftung geschaffen,
die sie für hervorragende militärische Verdienste gemacht.
Elisabeth normierte nämlich 8000 fl. jährlicher Einkünfte für
bedürftige Generäle, welche dem Hause Österreich durch
30 Jahre treu gedient. Diese Stiftung, in der Folge durch
ihre große Tochter Maria Theresia erneuert und erweitert,
führt heute bekanntlich die Namen der beiden Kaiserinnen.
Der fromme Sinn des Kaisers und seiner Gemahlin, wie er
sich stets in der Übung aller christlichen Pflichten offenbarte
und namentlich bei den zahlreichen öffentlichen Andachten
und Ceremonien ihrer Tage das Jahr über oft und oft zum
lebhaftesten Ausdruck kam, bethätigte sich auch alljährlich bei
der solennen Feier des St. Stephanstages. Mit derselben
Liebe, wie ihrem Gatten, war Elisabeth Christine unentwegt
auch ihren Töchtern zugethan, den Erzherzoginnen Maria
Theresia, Maria Anna und Maria Amalia, von denen letzt=
genannte wohl schon sechs Jahre nach der Geburt das Zeitliche
segnete; das erstgeborene Kind, der mit soviel Jubel begrüßte
Sprößling Erzherzog Leopold Joseph, den sie ihrem kaiserl.
Gatten und dem Reiche zu aller unermeßlicher Freude am
13. April 1716 geschenkt, war zur allgemeinen Trauer schon
am 4. November desselben Jahres wieder durch den Tod ent=
rissen worden. Als im nächsten Jahre 1717, am 13. Mai
das beglückende Ereignis der Geburt der nachmaligen Kaiserin=
Königin Maria Theresia erfolgt war, da ließ Elisabeth
Christine ein Kind aus Gold anfertigen, welches genau so
schwer war, wie der verstorbene Prinz und opferte dies goldene
Kind nach Maria=Zell mit der Bitte: Die Mutter Gottes
möge die neugeborene Prinzessin in ihren besonderen Schutz
nehmen und zum Wohle des Landes erhalten.

Mit liebevollster Sorgfalt leitete die Kaiserin=Königin
die Erziehung der Erzherzoginnen Maria Theresia und Maria

Anna und beteiligte sich auch an der Wahl der Lehrmeister persönlich; die Prinzessinnen wurden in erster Linie in den Sprachen, in Musik, Geschichte und Geographie unterrichtet, gleichwie sie eben auch durch die ihnen zu Teil gewordene aufmerksamste Leitung ihrer vorzüglichen Herzens- und Gemütsanlagen die Erbinnen der hohen Tugenden ihrer erhabenen Mutter wurden.

Der zeitgenössische Schriftsteller Baron Pölln·tz hebt in seinen Briefen und Memoiren*) bei der Schilderung der edlen Eigenschaften der Kaiserin die treffliche Erziehung der Erzherzoginnen hervor und indem er die Gleichheit der letzteren, in Betreff jener Eigenschaften, mit ihrer kaiserlichen Mutter betont, fügt er bei: „Die älteste Maria Theresia, welche bestimmt erscheint, eines Tages die Regentin der weiten Reiche ihres Vaters des Kaisers zu werden, gleicht ihrer Mutter auch in der herrlichen äußeren Erscheinung. Der Himmel möge es wollen, daß sie auch, wenn einst Regentin geworden, die Tugenden der kaiserlichen Mutter ausüben werde." Dieser Wunsch ging, wie die Folgezeit lehrte, für die dem Scepter Maria Theresias untergebenen Reiche und Völker in glänzendster unvergänglicher Weise in Erfüllung!

Kaiserin-Königin Elisabeth fühlte ihr edles treues Herz im Laufe der noch folgenden Jahre des ihr nicht allzulang zugemessenen Lebens wiederholt getroffen durch eine Reihe freud- und leidvoller Ereignisse in der Familie und in den Reichen und Ländern ihrer Krone!

Hochbeglückt fühlte sie sich durch die Heirat Maria Theresias nach eigener freier Wahl, tieferschüttert durch den Tod des geliebten kaiserlichen Gemahls sowie durch die Verfolgungen, die die junge Kaiserin, ihre arme Tochter von Österreichs Feinden nun zu erdulden hatte. Doch war es ihr

---

*) Amsterdam 1737.

aber auch wieder gegönnt das Gefühl hellster Freude mit zu empfinden über die Hochherzigkeit und Ritterlichkeit des ganzen Volkes eines der schönsten Reiche, über die Hochherzigkeit und Ritterlichkeit des ungarischen Volkes, so herrlich geübt in der mannhaften Verteidigung der Rechte „seines Königs", Maria Theresia!

Am 21. Dezember 1750 hauchte im Alter von 59 Jahren Kaiserin-Königin Elisabeth Christine, die vielbewunderte Fürstin, ihre edle Seele aus in den Armen ihrer sie innigst verehrenden erhabenen Tochter der Kaiserin-Königin Maria Theresia. Ihr Leichnam ward in herkömmlicher Weise in der Kapuzinergruft beigesetzt gegenüber dem Sarge mit den irdischen Resten des ihr zehn Jahre im Tode vorangegangenen geliebten Gemahls, Kaiser Karl VI.

— —

# Kaiſerin-Königin Maria Thereſia.

❦

Kaiserin-König... ...
Aus dem Werke: "Die Therr. L... ...

Maria Theresia.
g. Monarchie in Wort und Bild".

Die Abgeordneten aus Ungarn, die nach dem Tode Kaiser Karl VI. von Maria Theresia, als der auch ungarischerseits durch Annahme der pragmatischen Sanktion (1723) anerkannten Monarchin, in der Hofburg zu Wien feierlich empfangen worden, fühlten sich besonders dadurch geschmeichelt, daß sie mit der vor ihnen erscheinenden Königin ohne Mittelsperson unterhandeln konnten. Maria Theresia selbst aber stellte sich diesen Abgeordneten gegenüber gleich bei dieser ersten Begegnung mit Vertretern des ungarischen Volkes ganz auf den altungarischen (avitischen) Standpunkt, indem sie dieselben des vollen Schutzes ihrer Freiheiten versicherte. „Da fielen — schreibt ein Zeitgenosse — die Abgeordneten der jungen Fürstin zu Füßen und sie war in diesem Augenblicke schon, obgleich sie erst einige Monate später gekrönt worden, deren Herrscherin, denn sie beherrschte schon aller Herzen."

Von der Mutter, jener viel geprüften Prinzessin Elisabeth von Braunschweig-Wolfenbüttel, der Kaiserin Elisabeth, hatte die junge Kaisertochter den herrlichen Körperbau, den edlen Schnitt der Züge, die lebhafte Grazie und den holden Zauber der Erscheinung als unschätzbares Erbteil mit auf die Welt gebracht und in diesem schönen gesunden Leibe wohnte auch eine schöne gesunde Seele.

Das sprechendste Porträt in Worten hat von Maria

Theresia in unübertrefflicher Zeichnung die Feder ihres Zeit=
genossen, des Grafen Podenils, Minister und Gesandten ihres
Hauptgegners Friedrich II., von Preußen entworfen. Er schilderte
sie wie folgt: Ihr Gang ist frei, ihre Haltung majestätisch,
ihre Gestalt ist groß, ihr Antlitz rund und voll; ihre Stirn
rein, ihre Augenbrauen sind schön gezogen und ihre Haare
blond, ohne ins Rot zu streifen. Ihre Augen sind groß, leb=
haft und zugleich voll Milde, wozu ihre Farbe, ein tiefes
Blau, nicht wenig beiträgt. Die Nase ist regelmäßig, nicht
Adler= nicht Stumpfnase. Ihre Zähne sind weiß, ihr Lächeln
ist angenehm. Ihr Mund ist etwas groß, aber recht schön.
Nacken und Hals sind wohl gebildet, die Arme und Hände
aber bewunderungswürdig. Ihr Taint muß ebenso gewesen
sein, trotz der geringen Sorgfalt, die sie sich darum giebt. Sie
hat regelmäßig viel Farbe. Ihre Physiognomie ist offen und
glücklich, ihre Annäherung ist heiter und anmutig, kurz, man
kann es nicht bestreiten, sie ist eine schöne Frau."

„Eine Prinzessin, die von ihrem Geschlechte sonst nichts
hat, als die reizende Anmut und die majestätische Schönheit,
womit sie sich alle Herzen unterwürfig macht," damit charak=
terisiert schon frühzeitig ein anderer Schriftsteller ihrer Tage
die große Macht der äußeren Erscheinung Maria Theresias,
welche Macht später von allen Berichterstattern über die ge=
feierte Regentin einstimmig betont wird.

In so überwältigender Erscheinung stand also auch Maria
Theresia bei ihrem Regierungsantritte als 24jährige, junge
Frau vor den Abgeordneten aus dem Reiche der hl. Stephans=
krone, sie, an deren Wiege schon ein Angehöriger dieses Reiches,
Siegmund Graf Kollonics, Fürsterzbischof von Wien, am
Tage ihrer Geburt, am 13. Mai 1717, „der göttlichen Güte
den Dank dafür abgestattet, daß dem Reiche diese Prinzessin
geschenkt worden," und der am selben Tage auch noch den hl.
Akt der Taufe an ihr vollzogen hatte.

Über die in allen Teilen vorzügliche Erziehung, die Maria
Theresia unter dem Schutze ihrer ausgezeichneten Mutter er-
fahren, ist bereits in der früheren Abteilung gesprochen worden und es mag hier nochmals an die besondere Fertigkeit erinnert werden, die sich Maria Theresia in der lateinischen
Sprache eigen zu machen gewußt, welche Fertigkeit ihr dann
in erster Linie im Verkehr mit Ungarn so wohl zu
statten kam.

Im Alter von 19 Jahren hatte Maria Theresia 1736
(12. Februar) dem Manne ihrer Wahl, dem Prinzen Franz
Stephan von Lothringen, zu Wien die Hand am Altare gereicht. Beim Hochzeitsmahle im kleinen Opernsaal der Hofburg, sprach die Tischgebete der Bischof von Waitzen, Michael
Graf Althan. Allerorts im Reiche Karl VI., war dieser hoch-
freudenvolle Tag feierlich begangen, so auch in Ungarn.*)
Innige Liebe hatte die jugendfrische, blendend-schöne Erzherzogin
von Österreich mit dem männlich-schönen, stattlichen Herzog
von Lothringen, dem Lieblinge ihres Vaters, zusammengeführt,
welchem Herzensbunde des hohen Paares bekanntlich die glück-
lichste, mit sechzehn Kindern gesegnete, Ehe folgte.

Doch solches Glück wäre gar bald und schon im ersten
Jahre ihrer Verbindung auf ein Haar für immer vernichtet
und der Lebensfaden des von seiner schönen Gemahlin so
heiß geliebten Prinzen unversehens abgebrochen worden, wenn
nicht dessen Glücksstern über seinem Haupte geschwebt hätte.
Als nämlich Kaiser Karl VI. im Einverständnisse mit Ruß-
land im Jahre 1737 sein Heer gegen den Halbmond mar-
schieren ließ, mochte dessen Eidam, der junge mutvolle Herzog
Franz Stephan von Lothringen nicht zurückbleiben und schloß
sich der kaiserlichen Armee als Freiwilliger an. Und während

*) Geschichte und Thaten der Fürstin und Frau Maria Theresia.
1743. I. p. 99.

dieses Feldzuges war es, daß Franz Stephan mit seinem Bruder Karl aus dem Lager bei Karansebes, eines Tages auf die walbigen Berge an den Ufern der Temes emporstieg, um dort, wo es reichen Wildstand an Bären, Ebern, Gemsen neben Hirschen, Auer= und Birkhühnern gab, der edlen Waid= mannslust zu pflegen. Auf der Rückkehr von diesem Jagd= gange, wobei sie sich in Verfolgung eines Ebers zu tief in den Urwald hineingewagt, stießen sie auf eine Räuberbande, geführt von dem berüchtigen Hauptmann Petro Bagyü. Die Entschlossenheit, mit der sich Franz Stephan zu erkennen gab, indem er seinen kurzen Jagdüberrock lüftete und den blitzenden Ordensstern an seiner Brust sehen ließ, rettete ihn und seinen Bruder aus den Händen der Räuber. Petro Bagyü trug den Herzog Franz Stephan, nachdem sie drei Tage durch Wälder und über Höhen gewandert, schließlich ins Thal an die Ufer der Temes und ins kaiserliche Lager, wo nun über die Rückkehr der Prinzen der hellste Jubel herrschte. Der kaiser= liche Hof ließ unfern dem Dorf Szlatina ein Votivkirchlein erbauen und Petro Bagyü, der mit zwei ihn begleitenden Genossen in das österreichische Heer getreten war, bewahrte bis an sein Lebensende mit großer Pietät den Becher, aus welchem Franz Stephan auf dem Wege getrunken und hatte sich von diesem Kleinod auch in dem Momente nicht trennen wollen, da Maria Theresia später einmal ihn um denselben angegangen, worauf die Kaiserin=Königin, tief gerührt, nicht weiter danach verlangte und Petro Bagyü nur aufforderte, für die ewige Ruhe Franz Stephans zu beten!

Noch während der Krankheit Kaiser Karl VI. war der Judex curiae des Königreiches Ungarn und kaiserliche Feld= marschall Johann Graf Palffy nach Hof berufen und ihm ad interim das Amt eines Palatinus von Ungarn aufge= tragen worden mit der Erinnerung, daß man hoffe, er würde dem Hause Österreich auch fernerhin so treu verbleiben, als er es sonst jederzeit gewesen. Auch wurde sein Rat erbeten, welche Maßregeln zu ergreifen wären, um in Ungarn die Ruhe und unbestrittene Thronfolge Maria Theresias zu sichern.*) Seinem Rate zufolge erließ die Königin schon zwei Tage nach dem Hintritte ihres Vaters, am 22. Oktober 1740, an sämtliche Landesbehörden, Gespannschaften und Städte Schreiben, in denen sie meldete, daß sie nach dem Tode ihres Vaters die Regierung des Reiches, dessen Erbin sie vermöge der Gesetzartikel I und II von 1723 sei, thatsächlich angetreten habe. Wie sie erwarte, daß die Nation ihr als rechtmäßigen König huldigen und Treue halten werde, so versichere sie dieselbe, daß sie ihrerseits alle Rechte und Freiheiten Ungarns und der getreuen Stände unverletzt aufrecht halten wolle. Sie werde, um die Krone zu empfangen, den Reichstag in kurzer Zeit einberufen und wie an demselben, so auch sonst nichts unterlassen, was zum Wohl, zum Schutze und zur Beruhigung des Landes dienen könne. Zwei Tage später legte sie nicht nur den Oberbefehl über die in Ungarn befindlichen Truppen in Palffys Hände, sondern sandte ihn auch mit unbeschränkter Vollmacht gewissermaßen als ihren Stellvertreter hin. „Auf diese Weise — sagt der gelehrte Biograph der Kaiserin-Königin unserer Tage, Ritter von Arneth**) — verwandelte Maria Theresia die Spannung, mit welcher die Ungarn der Regierung einer Frau entgegensahen, in zuversichtliche Hoffnung.

Am 21. Januar 1741 erließ die Monarchin das Cirkularschreiben an die ungarischen Stände, durch welches sie auf den 14. Mai desselben Jahres den allgemeinen Land-, Reichs- und Krönungstag ausschrieb, und in welchem sie wegen der so späten Anberaumung desselben auf zwei Umstände hinwies,

---

*) Arneth, Maria Theresias erste Regierungsjahre. I. p. 90.
**) l. c. p. 92.

auf die vielen Beschwerlichkeiten, welche die Winterszeit mit
sich bringt, sowie auch „hiernächst die Zeit ihrer Entbindung
nicht weit mehr entfernt ist".*)

Nachdem Maria Theresia ihrem geliebten „Franzel" —
mit welchem Kosenamen in wienerischer Mundart sie ihren
kaiserlichen Gemahl zu nennen pflegte — drei Töchter geschenkt,
von denen zwei nach kurzer Lebensdauer bald wieder dahin=
gegangen, erblickte wenige Monate nach dem Tode Kaiser
Karl VI., und mitten in der größten äußeren Bedrängnis
der jungen Herrscherin durch ihre nun das Haupt erhebenden
Feinde — der Preußenkönig Friedrich II. an der Spitze —
ein Prinz das Licht der Welt, indem Ihre Majestät die Königin
am 13. März 1741, früh zwischen zwei und drei Uhr „eines
schön= und wohlgestalten Erzherzogen", des nachmaligen
Kaisers Joseph II. „glücklichst entbunden wurde, zu unaussprech=
licher Freude der Allerhöchsten Herrschaften, wie auch zum
höchsten Troste der Unterthanen und gesamten königlichen
Erbkönigreichen und Landen."**)

Überall im Reiche ward dieses Ereignis hoher Freude
mit Jubel aufgenommen und durch glänzende Feste gefeiert;
„in der ungarischen Krönungsstadt Preßburg läuteten alle
Glocken beim Eintreffen der frohen Kunde."***)

Wie anberaumt, wurde im Mai (am 18.) der ungarische
Krönungsreichstag zu Preßburg eröffnet, der aus allen
vier Reichsständen eine Deputation erwählte, die unter Führung
des Bischofs von Erlau Graf Erdödy, Maria Theresia zum
Besuche des Reichstages und zur Krönung einzuladen hatte,
welcher Abordnung gegenüber nun Maria Theresia die ein=
gangs dieser Zeilen erwähnte begeistert aufgenommene Erklä=

---

*) Geschichten und Thaten u. s. w. I. p. 255.
**) ibid. l. c. I. p. 141.
***) ibid l. c. p. 150.

rung auch mündlich abgab, wie sie es mit den Rechten und Freiheiten Ungarns zu halten gedenke.

Einen Monat nach Eröffnung des Reichstages schickte sich Maria Theresia dazu an, die Reise nach Ungarn zu unternehmen, und es wurde die Wasserstraße auf der Donau zur Hinabfahrt gewählt. Am 19. Juni nachmittags wanderte „ganz Wien" unter die Weißgärber und belagerte die Ufer des Donaustromes, um der allgefeierten Landesmutter die Abschiedsgrüße und Segenswünsche jubelnd mitzugeben auf die Fahrt in das Reich der hl. Stephanskrone, die alsbald ihr schönes Haupt schmücken sollte. Da lagen sie vor Anker, die prächtigen Schiffe, die bestimmt waren, Maria Theresia, ihren Gemahl, den Großherzog Franz Stephan von Toskana, und den ansehnlichen Hofstaat aufzunehmen. Was späterhin bei allen Festlichkeiten, mit denen die glanzvolle Krönungsfeier in Preßburg verbunden war, ausgesprochen zum Ausdrucke kam, der specifisch ungarische Charakter, das fiel schon hier bei der Abfahrt in die Augen. Denn es waren die zur Fahrt bestimmten Schiffe über und über mit Fahnen geschmückt, welche die ungarischen Farben und ungarischen Wappen trugen, auch die Schiffsmannschaft war in die gleichen Farben gekleidet; das Rot-Weiß-Grün hatte man überall, wo es nur immer sich thun ließ, reichlich angebracht. Auch „inwendig waren die Schiffe gar kostbar ausspalieret." Um die fünfte Stunde erfolgte die Einschiffung der Allerhöchsten Herrschaften, unter Zurufen des Volkes, „welches Ihre Majestät, so weit es immer sein konnte, durch ein unaufhörliches Vivat gleichsam begleiten wollte." Nachdem in dem Schlosse des Grafen Abensperg und Traun zu Petronell Nachtlager genommen worden und tags darauf (20. Juni) im Schlosse Wolfsthal, des Baron Walterskirchen, Mittag gehalten war, erfolgte die Ankunft an der ungarischen Landesgrenze und der feierliche Empfang an der Brücke, sowie

die Einholung der jungen Fürstin durch die Bischöfe, Mag=
naten und Edelleute, unter den Zurufen des massenhaft er=
schienenen Volkes noch am selben Nachmittage.

Bei diesem feierlichen Einzuge in Preßburg erwiederte
Maria Theresia, die ein nach ungarischer Art ge=
machtes Kleid von kostbaren weißem, mit Gold gestickten
und blauen Blumen verzierten Stoff trug, die Ansprache des
Primas in lateinischer Sprache*) und bewährte auch hier jene
bemerkenswerte Gewandtheit der Sprache, mit welcher sie stets
die Zuhörer zu bezaubern verstanden.

Tags darauf (21. Juni) war der königliche Vortrag an
die Stände durch den ungarischen obersten Hofkanzler in un=
garischer Sprache, was dann die Königin in eigener Person
in lateinischer Sprache wiederholte und bekräftigte mit der
Versicherung, wie sie sich allezeit nicht allein als eine
Königin, sondern als eine Mutter erzeigen werde.

Am nächstfolgenden Tage nahm der Reichstag die Wahl
des Grafen Johann Palffy zum Palatinus offiziell vor und
die Bürgerschaft von Preßburg überreichte am selben Tage
der Königin die herkömmliche Verehrung, bestehend in vier
Ochsen, etlichen Wagen mit allerhand Proviant und Wein
samt „zwei Lageln" (Fäßchen) mit Fischen. Am 23. nach=
mittags ward der alten Gewohnheit gemäß unter dem Schall
der Trompeten ein zum öffentlichen Braten am Krönungstage
bestimmter Festochse, dessen Hörner vergoldet und dessen Leib
mit Bändern und Kränzen geschmückt war, von den Metzgern
durch die Straßen der Stadt und um das Schloß herum zur
Schlachtbank geführt.

Nachdem am 24. die Übertragung der Kroninsignien nach
der Sakristei der Hauptkirche St. Martin stattgefunden, be=
gann man an dem von Maria Theresia angesetzten Tage der

---

*) Geschichte und Thaten, l. c. I. p. 271.

Der Krönungszug der Ka
Aus dem Werke: „Die Öſterr.·

Kaiserin-Königin Maria Theresia.
r. Urg. Monarchie in Wort und Bild".

Krönung, den 25. Juni, mit der Festlichkeit bereits um fünf
Uhr morgens, um welche Stunde die Kronhüter die Kiste
mit den Insignien eröffneten und alles zum feierlichen Akte
vorbereiteten.

## Der Krönungszug.

Um neun Uhr morgens brach Maria Theresia, ge=
folgt von den Magnaten zu Pferd „in einer grünsammtenen,
mit Gold gestickten und Goldfranzen verbrämten, völlig zu=
rückgelegten und sechs auserlesenen Pferden gezogenen Chaise"
nach dem Dome zu St. Martin.

Dieser feierliche Kirchengang geschah in folgender Ord=
nung: 1. Namen vier königliche Einspanier zu Pferd; 2.
gingen an 30 Herrschafts=Läufer „in herrlichstem Aufputz";
3. die Lakaien, sowohl der ungarischen als deutschen Kavaliere
in großer Anzahl und prächtiger Livree; 4. einige hundert un=
garische Edelleute in kostbarster Kleidung und mit in ihrer Art
prächtigst gezierten Pferden, je drei und drei reitend; 5. die
königlichen Kammerherren und Staatsräte „in ihrem reichsten
Aufputz", ebenfalls zu Pferd; 6. „ritten die Herren Ritter
des goldenen Vließes, welche über ihre prächtigen Galaklei=
dungen die großen Ordensketten hängen hatten"; 7. der un=
garische Vice=Palatin anstatt des Palatin, der Alters und
Gebrechlichkeit halber nicht zu Pferd erscheinen konnte; 8. der
ungarische Reichsherold, auf der Brust das ungarische Wap=
pen, in der Rechten den weißen Stab; 9. der ungarische Reichs=
marschall, mit entblößtem Haupt, das Reichsschwert tragend;
10. **Ihre königliche Majestät** „so in bemalter kostbaren Chaise
fahrend, zu beiden Seiten mit Dero königlichen Hartschieren
(Arcieren) und Trabanten (Leib) Gard umgeben. Das Kleid
Ihrer Majestät war „auf Hungarische Art" (gemacht), von
Silberstück mit Gold gestickt und sehr reich mit Rubinen,

Smaragden und Brillanten besetzt; die Ärmel aber waren von
einem Stück feinsten Spitzes und anstatt der nach ungarischer
Tracht sonst gewöhnlich vorhandenen Bänder mit ungemein kost=
baren Schnüren von lauter Brillanten in der Mitte zusammen=
gebunden. Das Haupt Ihrer Majestät war schon zur bevor=
stehenden Aufsetzung der Krone hergerichtet und daher außer
mit einer besonders zierlichen „Haarkrause" (Frisur) mit nicht
dem mindesten Schmuck oder Aufputz versehen. „Das Brust=
Stück" (der Busenschmuck) Ihrer Majestät bestand in einem
Untergrund von puren Perlen „darüber eine ungemein schöne
Einteilung von zierlichst in Gold gefaßten und ebenfalls aus
Rubinen, Smaragden und Brillanten bestehenden Geschmuck"
zu sehen war, mit dem auch das „Halsgehäng" (Collier) „aller=
höchstderoselben übereinkam"; 11. begleiteten die Chaise Ihrer
königlichen Majestät die vornehmsten Herren „Minister", „als
Herr Ferdinand Leopold, Reichsgraf von Herberstein, könig=
licher Obersthofmeister, Herr Franz Anton, Reichsgraf von
Starhemberg, königlicher Oberststallmeister, Herr Graf von
Daun, königlicher Leibgarde=Hartschieren=Hauptmann, Herr
Caspar Ferdinand, Graf von Corbua, königlicher Leibgarde
Trabanten=Hauptmann; 12. beschlossen den Zug zwei Grena=
dier= und noch andere Infanterie=Compagnien vom k. Ba=
reithschen Regiment. Der Einzug in die Kirche fand über
Treppen statt, welche mit rot=grün=weißem Tuch belegt waren.*)
    Den feierlichen Akt der Krönung selbst nahm der Erz=
bischof von Gran, Emerich Fürst Eszterhazy de Galantha,
Primas von Ungarn, unter Assistenz des Erzbischofs von
Kalocza, Gabriel Graf Patachich de Zajezda und des Bischofs
von Erlau, Gabriel Anton Graf Erdödy de Monyorokörök
in altherkömmlicher Weise vor und nur mit dem Unterschiede zu
anderen Krönungen von Ungarns Königinnen, daß Marie

---

*) Geschichte und Thaten u. s. w. l. c. I. p. 279 ff.

Theresien als „Königin" die Krone des hl. Stephan nicht
auf die rechte Achsel, sondern auf das Haupt gesetzt wurde,
gleichwie man es 1382 bei der Krönung jener Maria, der
Tochter König Ludwig des Großen, der Gemahlin des Sigis=
mund von Luxemburg, gehalten, die sich dann nicht Maria
Regina, sondern Maria Rex genannt.

Von dem Krönungsakte in der St. Martins-Hauptkirche
ging der Zug zu der Kirche der Franziskaner, zum Ritterschlage
an 48 Edelleuten, auf welchem Zuge durch den ungarischen
Kammerpräsidenten die goldenen und silbernen Krönungs=
denkmünzen mit dem Wahlspruche Maria Theresias, Justitia
et Clementia (Gerechtigkeit und Milde) in übergroßer Zahl
unter das Volk geworfen wurden.

Hatte allerorts, wo sich die schöne Königin blicken ließ,
das versammelte Volk mit nicht endenwollenden Zurufen die
Begeisterung für die Apostolische Majestät und für die Trä=
gerin der Krone des hl. Stephan zum lebhaftesten Ausdrucke
gebracht, so jubelte das geborene Reitervolk der Ungarn
hoch auf, als Maria Theresia zur Eidesleistung am
Krönungshügel angelangt, den Wagen verlassend, den nach
ungarischer Art geschirrten Rappen bestieg, das mit Edel=
steinen und Perlen also reich geschmückte Roß in Galopp
setzte und kühn den Hügel hinansprengte, auf dessen
Höhe das Schwert ziehend und zum Zeichen der Verteidigung
und der Erweiterung der Grenzen Ungarns dasselbe nach vier
Weltgegenden schwenkend. In diesem Augenblicke kannte das
Volk, von der Schönheit, wie von der würdevollen Majestät
der Königin hingerissen, in seinen Freudenbezeugungen keine
Grenzen.

Vieltausendstimmige Rufe: „Es lebe unsere allergnädigste
Königin" erschollen wieder und immer wieder und in den
braunen Gesichtern der Söhne der Pußta und in ihren funkeln=
den Augen sprach sich nur die eine Sehnsucht und der eine

Wille aus: Für die neugekrönte Königin das altbewährte un=
garische Schwert zu ziehen, Gut und Blut zu opfern.

Beim Krönungsmahle wurde auf die königliche
Tafel ein Stück von jenem Ochsen gesetzt, welcher unweit des
Schlosses nach Gewohnheit im Ganzen und mit allerlei kleinem Ge=
flügel gespickt, gebraten und nachher dem Volke sammt einer zu
Seiten aufgerichteten Fontaine mit weißem und rotem Weine
preisgegeben worden.

„Diese hohe Krönungsfeierlichkeit — so schließt der zeit=
genössische Bericht — ist mit solcher Pracht begangen worden,
daß alle Zuseher und Fremden einhellig bekannten, daß der=
gleichen Kostbarkeit und übergroße Pracht es sei, wo es wolle,
nimmermehr zu sehen sein werde, noch könne. Man sah mehr
als 216 der prächtigsten Staatskutschen, man zählte mehr
denn 800 Edelleute in ungemein kostbaren Kleidungen, ohne
deren Begleitung so alle Zahl übersteigt, zumal die meisten
Herren Magnaten eine Geleitschaft von 30 Personen hatten,
die alle in schönsten Livreen und aufs prächtigst ausgeschmückten
Pferden hinter ihren Herren daherritten, welche in Wahrheit
an Pracht in ihren Kleidungen, so alle fast von Edelgesteinen
schimmerten, einer den anderen zu übertreffen sich befliessen.“*)

Unter den jauchzenden Zurufen ihrer cisleithanischen
Unterthanen kehrte Maria Theresia nach Wien zurück, um
jedoch nicht lange danach,‘ bereits im September desselben
Jahres sich wieder nach Ungarn zu begeben, wo sie vor dem
Drängen ihrer äußern Feinde, Preußen und Frankreich an
der Spitze, Zuflucht suchte. Der mit Frankreich verbündete
Kurfürst, Karl Albert von Bayern, die deutsche Kaiserkrone
anstrebend, war im Anrücken gegen Wien und deshalb zog sich
die kaiserliche Familie nach Prag; zurück die Königin selbst
aber eilte, wie gesagt, nach Ungarn.

---

*) Geschichte und Thaten u. s. w. I. p. 801.

Am eilſten Tage des Herbſtmondes war es, als Maria
Thereſia, mit wunderbarem Liebreiz ausgeſtattet, in un=
gariſcher Nationaltracht, mit der Krone des hl. Ste=
phan am Haupte auf dem Reichstage zu Preßburg
wieder unter ihre getreuen Ungarn trat und mit feſter Stimme
in lateiniſcher Sprache die bedrohte Lage des Reiches, Ungarns,
ihrer Perſon und ihrer Kinder betonte. „Von allen ver=
laſſen — ſprach die Königin — nehme ich meine Zuflucht
zu den getreuen Ständen, zu den Waffen und zu der alten
Tapferkeit der Ungarn mit dem dringenden Anliegen, daß die
Stände des Reiches ſich ungeſäumt beraten über die Mittel,
welche für meine, meiner Kinder und meiner Krone Sicher=
heit die zweckmäßigſten ſind und dann zur Ausführung ge=
bracht werden mögen. Was mich anbelangt, ſo können die
getreuen Stände und die ungariſche Nation in allem, was zur
Herſtellung der allgemeinen Wolhfahrt und des alten Glanzes
dieſes Reiches dient, auf meine Bereitwilligkeit und Güte
rechnen.“

Als Maria Thereſia zum Schluſſe dieſer warmen An=
ſprache kam und ihrer Kinder erwähnte, wurde ſie von der
tiefſten Rührung ergriffen und große Thränenperlen rollten
aus ihren ſchönen Augen. Weinend bedeckte ſie mit ihrem
Tuche das Antlitz und ſchwieg einen Moment. Aber ſchnell
ſammelte ſie ſich wieder und hörte nun den Worten zu, welche
der Primas jetzt im Namen der ganzen Verſammlung an ſie
richtete. Mit volltönender Stimme ſprach er die ſchönen und
wahren Worte: „daß die ganze ungariſche Nation zum
freudigſten Beiſtande für die heißgeliebte Königin bereit ſei
und Gut und Blut für ſie opfern wolle.“

Da wogte eine unbeſchreibliche Bewegung durch die Menge
der verſammelten Ungarn „deren Stolz, — wie Arneth
ſagt — ſich dadurch nicht wenig gehoben fühlte, daß
gerade bei ihnen Maria Thereſia ihre Zuflucht ſuchte“;

das heilige Mitgefühl an dem Schmerze der edlen Monarchin und ihr zauberischer Anblick erfüllte alle Anwesenden mit hoher Begeisterung und von vielen hundert Stimmen donnerte der einmütige und begeisterte Zuruf durch den Saal: „Vitam nostram et sanguinem consecramus." (Wir weihen unser Leben und unser Blut.)

Acht Tage später beschloß der Reichstag über Wunsch der Königin und Befürwortung durch den Primas, den Palatin, Judex curiae und Kronhüter, die Anerkennung des Gemahls Maria Theresias, des Großherzogs Franz Stephan, als Mitregenten in Ungarn. An demselben Tage (19. Sept.) wurde der Königin noch eine große Freude zu teil, als ihr kleiner Joseph, der Kronprinz, nach Preßburg gebracht wurde. „Einem Eichhörnchen gleich — lautet der ungarische Bericht — blickte der sechsmonatliche Prinz von den Armen der Wärterin auf das in gewaltiger Menge hinzudrängende Volk, als er von dem Landungsplatze nach dem königlichen Schlosse fuhr."

Am 21. September, als Franz Stephan den Eid als Mitregent ablegte, wobei er erklärte, daß er für die Königin und Ungarn sein Leben opfern wolle, da hob die junge Herrscherin den kleinen Erbprinzen Joseph auf ihren Armen empor, und zeigte ihn der Versammlung und laut schallte der freudige Ruf durch den Saal: „Moriamur pro rege nostro!" — Die treuen Magnaten erklärten, daß, wenn es an Geld zur Landesverteidigung mangeln sollte, sie in jedem Augenblicke bereit seien, ihr Gold und Silbergeschirr in die königliche Münze zu senden und wenn auch dieses nicht mehr ausreichen sollte, würde man die Kirchenschätze in Anspruch nehmen. Mit gezückten Säbeln stürmte die Versammlung auseinander, um die notwendigsten Vorkehrungen sofort zu treffen und die gefeierten Namen, Eßterhazy, Andrassy, Forgacs, Karolyi, Nadasdy, Szirmay u. a. übten ihren hohen Einfluß auf die Nation.

Was die edlen Magnaten ihrer angebeteten jungen Kö=

nigin mit einhelligem, begeistertem Schwure angelobt hatten, das hielten sie denn auch in ritterlichster Weise.

Sie fuhren mit dem Eifer der Begeisterung fort, die der Königin versprochene Streitmacht zu stellen und auszurüsten. Im Winter von 1741 auf 1742 wurde dieselbe, mit Hinzu=rechnung der alten Regimenter und den schon im Felde stehenden neuen Truppen auf 9 Infanterie= und 14 Husaren=regimenter, die ersteren zu 3000, die letzteren zu 1200 Mann, gebracht. Die Insurrektion des Adels ergab 16000 Mann. Außerdem errichteten Fürst Eszterhazy, Graf Battyanyi, der Erz-bischof von Kalocza u. a. auf eigene Kosten größere und kleinere Reiterscharen, Kroatien und Slavonien stellten 13000 Mann, — der nachher leider so berüchtigt gewordene Baron Trenk, seine „wilden Panduren", — Siebenbürgen 6000 Mann; im Frühlinge 1742 standen aus dem Gebiete der ungarischen Krone, die Truppen der Militärgrenze nicht mit inbegriffen, bei 80000 Streiter, vollständig gerüstet und nach Möglichkeit eingeübt, unter den Fahnen. Als diese neuen ungarischen Regimenter und Truppen über Wien ins Feld rückten, wurden sie wiederholt von Maria Theresia vor den Linien ihrer Resi=denz inspiziert, ja das Andrassysche Regiment ward sogar längere Zeit in Wien einquartiert und war das erste von den ungarischen Truppen, die in Wien Garnisons=dienste geleistet.*) Unter allen Truppen Maria Theresias zeichneten sich aber sowohl gleich in den ersten Kriegen gegen ihre Feinde und auch später immer die ungarischen Husaren durch kühne Unternehmungen, schnelle Bewegung und die Wucht ihres Angriffes besonders aus, waren sie vom Feinde immer am meisten gefürchtet.**)

Die Gefahr für Maria Theresias Reich war inzwischen

---

*) Geschichte und Thaten u. s. w. I. p 637.
**) Feßler, Geschichte von Ungarn. V, p. 296.

eine immer größere geworden, der Kurfürst von Bayern war nach dem Sturme auf Prag zum König von Böhmen ge= krönt und begab sich nach Frankfurt am Main, um dort als Karl VII. die deutsche Kaiserkrone zu empfangen.

Doch gelang es bekanntlich dem Heere Maria Theresias, die einige Zeit sogar im Sinne gehabt, sich selbst an die Spitze desselben zu stellen, doch es dann dem Kommando des FM. Grafen Khevenhüller anvertraut, und unter dem die ungarischen Truppen so hervorragende Thaten geübt, die Franzosen und Bayern aus Oberösterreich zu verjagen, wor= auf der glückliche Sieger Khevenhüller seinen Einzug in Karl Alberts Residenz München hielt!

Aber nicht allein mit dem Schwerte, auch mit der Feder hatte der getreuen Ungarn Einer für das gute Recht seiner geliebten Königin gegen den Usurpator Karl Albert wacker ge= stritten, Stephan Jagashazy von Szabad Szava in seiner Schrift gegen einen Anonymus, der die Ungarn für die Sache Karl Alberts zu gewinnen getrachtet, indem Jagashazy „das Erbrecht der Königin in Ungarn auf das allerstärkste aus= zuführen sich bemühte."*)

Als dem Falle von München auch noch im selben Jahre (1742) die Wiedergewinnung von Prag gefolgt war, da feierte Maria Theresia in ihrer Residenzstadt Wien diese glücklichen Ereignisse, vorerst dem Himmel dankend mit einem Tedeum im Dome zu St. Stephan und dann der heiteren Richtung des Hoflebens entsprechend, mit einem prachtvollen, in der Hofreitschule abgehaltenen Damencaroussel. An diesem in seiner Art einzigen Schauspiele, das am 2. Januar 1743 stattgefunden und bei dem Maria Theresia ihre außerordent= liche Geschicklichkeit in ritterlich männlichen Leibesübungen wieder auf das Glänzendste offenbarte, nahmen auch eine An=

---

*) Geschichte und Thaten u. s. w. I. p. 594 ff.

zahl Damen des ungarischen Hochadels, darunter die
Fürstin Eßterhazy, die Gräfinnen Niklas Eßterhazy, Pallffy
Kollonics Teil; unter den Richtern fungierte auch ein Graf
Serenyi. Den ersten Preis in der reitenden Quadrille,
ein Besteck von Bergkrystall in Gold gefaßt mit Brillanten
besetzt, gewann mit der Lanze die Königin, überließ ihn aber
der Gräfin Palffy, „welche nach Höchstderselben den ersten
Anspruch dazu hatte."*)

Wie bei dieser einen selten schönen Festlichkeit, so glänzten
immer auch bei anderen zahlreichen Festen und Vergnügungen
im farbenfrischen, farbenprächtigen, geist- und lebensprühenden
Treiben der Hofkreise die ritterlichen Herren und schönen
Frauen des ungarischen Hochadels und von 1756 an auch
die durch persönliche Erscheinungen, wie durch Pracht und
Glanz der Uniformen gleich hervorstechenden Gestalten der
durch Maria Theresia errichteten königlich-ungarischen
Leibgarde, die besonders bei dem Brautzuge der Isabella
von Parma, der ersten Gemahlin Kaiser Joseph II. —
6. Oktober 1760 — fast 500 Reiter zählend, allen übrigen Prunk
der Begleitung überstrahlend, die Blicke der Menge fesselte.
Ganz Wien schwärmte für die schönen Jünglinge, die die
Kaiserin-Königin in diese Leibwache einberufen, wie denn überhaupt in dem damaligen Wien die dankbare Erkenntnis der
staatsrettenden und staatserhaltenden Leistungen in der Mit-
hilfe des von seinem Hochadel in edlem Hochgefühle und mit
so richtigem Takte geführten ungarischen Volkes bei jedem Anlasse zum deutlich sprechenden Ausdrucke kam. So u. a. sehen
wir — in den Jahren etwas rückblickend — bei jener groß-
artigen Wiener Stadtbeleuchtung zur Feier der Geburt von
Maria Theresias zweitem Sohne, Erzherzog Karl (1. Februar
1745), bei welcher Gelegenheit der Wiener Humor in echtem

---

*) Geschichte und Thaten u. s. w. I. p. 873.

und rechtem Brillantfeuer erglänzte, das Ungarische die große
Rolle spielen. Nicht nur, daß an einem Transparente in der
Bognergasse der Abzug der Franzosen aus Böhmen durch
verfolgende Husaren illustriert erschien, mit dem Beisatze:
Teremtete! und den deutschen Versen: „Sobald wir in die
Länder reisen, | so sollen 100000 Mann | die Straße nach
Paris uns weisen | dort treffen wir euch wieder an," und an
anderer Stelle (auf dem Fleischmarkte aus einem ebenerdigen
Fenster) ein Husar dem verfolgten Feinde sein „Ördög" zuruft:
„Jetzt hab ich dich beim Schopf, herunter muß dein falscher
Kopf", so ist am Hause eines niederöstr. Landschafsbeamten
ein kolossales weithinleuchtendes Transparent zu sehen: Maria
Theresia in Lebensgröße in ungarischer Tracht zu Pferde
sitzend, wie bei der Krönung in Preßburg und an einem weiteren Fenster Prinz Joseph, gleichfalls in ungarischer Tracht.
Politische Anspielungen enthielten andere Darstellungen, so in
der Bürgerspitals-Apotheke eine Reihe Apothekerbüchsen mit
der Aufschrift: „Hungarisches rotes Pulver", „Englisches
Salz", „Sächsisches Herzwasser" — alles selbstverständlich Anspielungen auf den Erbfolgekrieg!

Die polisischen und militärischen Verhältnisse und Bedürfnisse führten die Königin wiederholt wieder in das getreue Ungarn und so sehen wir Maria Theresia am selben
10. August 1744, da Friedrich II. nach der Kriegserklärung
Frankreichs an Österreich und England den zweiten schlesischen
Krieg eröffnete, die Donau hinab nach Preßburg fahren, um
sich der Unterstützung der ungarischen Nation in dem bevor-
stehenden Kriege zu versichern, nachdem sie den Monat vorher
für die Einnahme von Lauterburg, „wobei die Tapferkeit,
Geschicklichkeit und Klugheit der ungarischen Truppen, unter
dem Prinzen Karl von Lothringen, so großes geleistet," ein
eigenes Dankschreiben an den Palatin gerichtet, mit der eigenhändigen Nachschrift: „Dieser Brief soll, ein Zeugnis meiner

Gunst und sonderbaren (besonderen) Liebe gegen die Nation, allen Gespannschaften mitgeteilt werden.**) Die Kriegszu=
rüstungen, die schon vorher in großen Dimensionen betrieben worden, — die ungarischen Stände sollen sogar erklärt haben, falls Böhmen oder Mähren feindlich angegriffen würde, wollten sie zur Beschützung dieser Länder die rote Fahne wieder aus=
stecken, was über hundert Jahre nicht geschehen**) — wur=
den nun noch um so eifriger betrieben, nachdem der drei Tage unter dem Vorsitze Maria Theresias gehaltenen Land=
tag einen Beschluß an die 48 Komitate und die zur Krone des hl. Stephan gehörigen Königreiche und Länder, an die Jazygier und Cumanier u. s. w. in ungarischer Sprache hinausgegeben und auch bekannt gemacht worden, daß der Palatin trotz seines hohen Alters und die ersten Magnaten des Königreiches zu dem Gewehr zu greifen und ins Feld zu ziehen gesonnen.

Den der Königin in den bisherigen Kriegen und Kämpfen von den Ungarn zu Hilfe gesandten Truppen, ward von den Zeitgenossen besonders nachgerühmt, daß sie der Königin Sache den größten Dienst durch ihre hervorragende Eignung und Tüchtigkeit in den Scharmützeln geleistet.***) So auch jetzt im zweiten schlesischen Kriege, „wo die Vortruppen derer hungarischen Insurgenten von vornehmen ungarischen Mag=
naten angeführt und von dem Kron=Groß und königlichen FM. Grafen Joseph Eszterhazy en chef kommandiert", nach einigen Scharmützeln mit den Preußen in Oberschlesien ein=
gerückt waren. „Das Alter und die rauhe Jahreszeit —
sagt der zeitgenössische Berichterstatter — hatten es nicht ver=
stattet, daß der Palatinus diese neue Armee selber hatte kom=
mandieren können." Indessen hatte die Königin dem treu=

---

*) Geschichte und Thaten u. s w. III. p. 26. Anm. 1.
**) Geschichte und Thaten u. s. w. III. p. 212 f.
***) Geschichte und Thaten u. s. w. III. p 594 f.

bewährten Freunde ihr bestes und schönstes Reitpferd, einen
kostbaren goldenen, mit Diamanten reichbesetzten Degen und

J.M. Graf Pallff.

einen nicht weniger schätzbaren Diamantring mit folgenden eigenhändigen Zeilen zum Geschenk übersendet:

## Mein Vater Pálffy!

Ich sende Euch dieses Pferd, welches nur allein von dem Eiffrigsten Meiner getreuen Unterthanen bestiegen zu werden würdig ist. Empfanget zugleich diesen Degen, um mich wider meine Feinde zu beschützen und nehmet diesen Ring als das Kennzeichen Meiner gegen Euch tragenden Zuneigung an.

**Theresia** m. p.

Nachdem der Friede von Füssen (22. April 1745) die Anerkennung der pragmatischen Sanktion von seiten Bayerns herbeigeführt, erfolgte trotz der Fortdauer des Krieges mit Preußen die Kaiserwahl des Gemahls Maria Theresias, ihres Mitregenten in Ungarn, Franz I. (15. September 1745). Bei dessen Krönung in Frankfurt (4. Oktober), wo Maria Theresia in ihrer hohen Freude bei soviel Leid dem Drange ihrer Individualität folgend und die Etikette durchbrechend, in den gemütlich herzlichen Ruf ausgebrochen: „Vivat Kaiser Franz!" sah man in der glanzvollen Kaiser-Suite u. a. auch die imposanten Erscheinungen der ungarischen Magnaten, Generalfeldmarschall Graf Batthyanyi, Graf Eßterhazy, Graf Laßló Giulaffy (Kanzler von Siebenbürgen) u. a. m. Bei der am 28. September — also 6 Tage vor der Krönung — durch die Majestäten abgehaltenen großen Parade über die sogenannte „pragmatische Armee" und die „ungarisch-böhmische Armee", bei der Stadt Heidelberg, waren auch die ungarischen Infanterie-Regimenter, Graf Forgacs (jetzt Nr. 32) Baron Ujvary (jetzt Nr. 2), Graf Bethlen (jetzt Nr. 52), anwesend

und unter der zahlreich versammelten Generalität bemerkte
man außerdem FM. Grafen Bathyanyi — dessen Dragoner=
regiment (jetzt Ulanen Nr. 9) gleichfalls da „parabierte" —
die ungarischen Generäle Baron Baranyay und Trips, Karl
Graf Palffy, Leo Graf Palffy;*) in Nebengruppen des bunten
Lagers erblickt man auch Rotmäntler (Warasdiner Panduren)
und einige Leute der „ungarischen Miliz".**)

In Benutzung der Friedensjahre von 1748—1751 hatte
Maria Theresia eine Reihe von Reformen im Militärwesen
durchgeführt und hielt nun u. a. auch eine große Heerschau
über die Truppen in Ungarn (August 1751) auf dem Rá=
kos ab, wo einst die alten tumultuarischen Reichstage gehalten
worden.***) Auf der Fahrt der Majestäten zu dieser Heer=
schau, waren denselben von der getreuen Stadt Pest außer
einer prachtvollen Beleuchtung und anderer Festlichkeiten auch
ein großartiger Fischfang auf der Donau zu Ehren ge=
boten worden, bei welchem in den auf Maria Theresias Wink
ausgeworfenen Netzen sich mehrere ganz ungewöhnlich große
und schwere Fische fingen. Das „Offizielle Wiener Diarium"
sagt über diesen Fischfang wörtlich: „Es ist nicht anders zu
mutmaßen, als daß der Danubius oder Donaustrom, der billig
ein Fürst der europäischen Flüsse genannt zu werden verdient,
gleichwie der Stadt Pest wohledle Senat und Bürgerschaft
seine tiefste Devotion gegen Ihre Majestäten unaufhörlich zu
zeigen sich bestrebt, also auch vorbesagtes Element zur Be=
zeugung seiner Ehrerbietigkeit und Ergebenheit mit Hergebung
so schöner Fische diesen so großen Monarchen an den Tag
zu legen, nicht unterlassen wollen."

---

*) Siehe mein: Die Heidelberger Parade 1745, Wiener Salon=
album 1873 p. 46—62.
**) Ebenda p. 83.
***) Wolf, Österreich unter Maria Theresia p. 341.

Von der Heerschau am Rákos zum Landtage nach Preß=
burg zurückgekehrt, traf Maria Theresia kurze Zeit darauf
„im überaus schönen Kastell" Königsaben der gräflich Palffyschen
Familie, mit ihrem von einem inzwischen unternommenen Be=
suche der ungarischen Bergstädte kommenden kaiserlichen Ge=
mahl wieder zusammen, der als Bergmann gekleidet in ihre
Arme eilte.

Wie die früheren Kriege, die Maria Theresia von ihren
Feinden aufgenötigt worden, so zeigte auch der siebenjährige
Krieg wieder die Bedeutung der ungarischen Truppen, sowie
die Namen einzelner Heerführer, die Namen Nadasdy und
Hadik im leuchtendsten Lichte unvergänglichen Ruhmes. In
dieser Kriegsepoche vollzog sich denn auch die von der ganzen
Welt angestaunte kavalleristische Leistung, mit welcher 3500
Reiter unter Graf Hadiks Führung in fünf Tagen von Dresden
aus Berlin erreichten.

Zur Erinnerung an den herrlichen Sieg von Kollin
(18. Juni 1757), — welchen Tag Maria Theresia „den Ge=
burtstag der Monarchie" genannt, und der dem geschlagenen
Könige Friedrich II. Ausrufe der höchsten Anerkennung für die
bewunderungswürdige Tapferkeit der k. und k. Armee entlockt
hatte —, stiftete die dankbare große Kaiserin=Königin den mili=
tärischen Maria Theresien=Orden, die höchste Ordens=
auszeichnung für militärische Thaten im Felde.

Unter den Ersten, welche mit dem Großkreuze des Maria
Theresienordens ausgezeichnet wurden, befanden sich der G.
d. C. Franz Graf Nádasdy auf Fogaras und FML. Graf
Andreas Hadik von Futak.*)

Der Hubertsburger Frieden (1763) beendete bekanntlich
die Prüfungsjahre Maria Theresias in Bezug auf die Kämpfe

*) Lukes Militärischer Maria Theresienorden, Wien 1890 p. X. u.
p. 500.

mit ihren auswärtigen Gegnern, doch sollte auf die Freude,
den Erzherzog Joseph zum römischen Könige gewählt zu
sehen, gar bald tiefste Trauer in das edle Frauenherz ein=
ziehen durch den unerwartet plötzlichen Tod des geliebten Ge=
mahls Kaiser Franz I. (1765, 18. August), nach welchem er=
schütternden Ereignisse sie Kaiser Joseph II. zum Mitregenten
annahm (23. September 1765) und ihm die oberste Heeres=
leitung überantwortete.

Zur Erinnerung an die römische Königswahl Josephs
gründete Maria Theresia, welche das Talent und Verdienst
im Civil durch öffentliche Anerkennung dankbar auszeichnen
wollte, wie sie es für das Militär durch den früher errichteten
Theresienorden gethan, den königl. ungarischen St. Stephans=
orden. Durch die Benennung wollte die hohe Stifterin dem
Orden ein besonderes Ansehen verleihen und zugleich die tiefe
Verehrung für den ersten apostolischen König Ungarns an
den Tag legen. In den Folgezeiten benützten die Regenten
Österreich=Ungarns die Verleihung dieses ihres höchsten Civil=
ordens auch zur besonderen Auszeichnung für erlauchte und
hervorragende Personen des befreundeten Auslandes; so über=
reichte erst kürzlich — am 24. Jänner d. J. — Namens
S. K. und K. Apost. Majestät unseres glorreich regierenden
Kaisers und Königs Franz Joseph I. S. königlichen Hoheit
dem Prinzen Georg von Griechenland der österreichisch=
ungarische Gesandte am königlichen Hofe zu Athen, mein
hochverehrter Studiengenosse Herr Gustav Baron Kosjek
das Sr. königlichen Hoheit von Sr. K. und K. Apost. Majestät
verliehene Großkreuz des St. Stephansordens in feier=
lichster Weise.

So groß Maria Theresia in ihrer Fürsorge, das über=
kommene Erbe ihrer Väter zu erhalten und gegen alle aus=
wärtigen Feinde zu sichern, sich allezeit bewiesen, so groß sie
in der Rettung Österreichs vor dem Untergange gewesen,

ebenso groß war bekanntlich die, wie von den ausgezeichnetsten
Feldherrn so auch von den trefflichsten Staatsmännern um=
gebene Frau auf dem Throne für die Konsolidierung des
Reiches in seinem Inneren für dessen Fortschritt auf allen
Gebieten der Verwaltung, der Rechtspflege, des Unterrichtes,
von Handel und Wandel u. s. w. u. s. w. dabei in Betreff
Ungarns in Beachtung der Konstitution und der Gesetze des
Landes das aufrechterhaltend, was von der gesetzlichen
Regierungsform im Laufe der Zeit unversehrt geblieben und
im Gebrauche stand, das vollziehend, was bisher unterlassen,
das beseitigend, was allfällig gesetzwidriges eingeführt worden.*)

Vor und nach jenen letzten Kämpfen zur Befreiung der
Monarchie von den äußeren Feinden hat die Kaiserin=Königin
eine Reihe von Instituten dies= und jenseits der Leitha ins
Leben gerufen, die allen Teilen der heutigen österreichisch=
ungarischen Monarchie gleichmäßig zu Gute kommen. Sie
errichtete die Ingenieurakademie in Wien, die Theresia=
nische Militärakademie (in Wiener Neustadt)**), die
Akademie der orientalischen Sprachen und die Theresia=
nische Ritterakademie in Wien, ferner die Ritterschulen
zur Tyrnau und Waizen in Ungarn, zu Klausenburg
in Siebenbürgen, sie stellte die Universitätsgebäude in
Wien, Ofen und Klausenburg neu her, verlegte die
ungarische Universität nach Ofen, indem sie dieselbe
neu organisierte und errichtete noch andere Akademien sowie
die Berg= und Forstakademie in Schemnitz gründete in
Ungarn die Bistümer Neusohl, Rosenau, Zips, Stein

---

*) Fehler Geschichte von Ungarn. V. p. 346 f.

**) Die pietätvolle Reminiscenz an die hohe Gründerin in der
Herstellung des Namens Theresianische (K. und K. Militärakademie)
verdankt das treffliche Institut zur Heranbildung von Berufsoffizieren
der Anregung des gegenwärtigen Kommandanten Herrn FML. Ludwig
Ritter von Kosal.

am Anger und Stuhlweißenburg, in Gran eine neue
Kirche u. a. m. was den öffentlichen und humanitären Inter=
essen hüben und drüben entsprach.

In der einen und anderen dieser Stiftungen aus den
Tagen der großen Kaiserin=Königin wurden in unserem pietät=
vollen Jahrhundert bereits die hundertjährigen Erinnerungs=
tage an diese segenvollen Gründungen Maria Theresias
würdevollst begangen, so u. a. besonders glanzvoll in der
Theresianischen Militärakademie zu Wiener Neu=
stadt, wo ihr ehern Standbild Eingangs des herrlichen
Parkes ein hochragend Denkmal ihrer Bedeutung für die
Entwickelung unserer ruhmreichen K. und K. Armee, das ihre
Vollbedeutung in der Geschichte ihrer Staaten in meisterhafter
Konception und Ausführung zum würdevollsten Ausdrucke
bringende Kolossaldenkmal in Wien mit den Gestalten
der Generale Traun, Laudon, Daun, Hadik Nádasdy, Lacy,
Khevenhiller, Liechtenstein, der Staatsmänner Kaunitz und
Haugwitz, des gelehrten van Swieten, die letzteren als
Führer ganzer Gruppen hat angesichts der K. und K. Hof=
burg die hohe Pietät ihres ritterlichen Enkels, un=
seres kunstsinnigen Monarchen S. K. und K. Apost.
Majestät Kaiser und König Franz Joseph I. geschaffen.
In der K. K. Theresianischen Akademie zu Wien wurde
aber vor wenigen Wochen erst — am 23. Februar d. J.
— der 150 jährige Bestand dieses von der unvergeßlichen
Kaiserin=Königin geschaffenen Institutes in Anwesenheit Sr.
K. und K. Hoheit des Durchlauchtigsten Herrn Erzherzogs
Ludwig Viktor, als Vertreter Sr. K. und K. Apostolischen
Majestät des zur Zeit an der französischen Riviera weilen=
den Kaisers und Königs durch eine besonders würdevolle Feier
festlich begangen. Anläßlich derselben richtete S. K. und
K. Apostolische Majestät an den Kurator der Anstalt
Sr. Excellenz den Herrn Minister für Kultus und Unterricht

Dr. Paul Freiherrn von Gautſch nachſtehendes allerhöchſtes Handſchreiben:

Lieber Freiherr von Gautſch!

Gerne erinnere ich mich der vor nunmehr 150 Jahren erfolgten Begründung der Thereſianiſchen Akademie, welche während der ganzen Zeit ihres Beſtandes, den Intentionen ihrer erhabenen Stifterin, der Kaiſerin Maria Thereſia, getreu, eine Heimſtätte edler Bildung und wahrer Vaterlands= liebe, zahlreiche Männer erzogen hat, die im öffentlichen Dienſte ſich bewährt und die auf die Anſtalt geſetzten Hoff= nungen vollauf erfüllt haben.

Indem ich dies dankbar anerkenne, bleibt Meine Gnade und Fürſorge der Akademie erhalten.

Wien, 22. Februar 1896.

Franz Joſeph m. p.

Nach Verleſung dieſes Allerhöchſten Handſchreibens drückte S. Excellenz Freiherr von Gautſch den ehrerbietigſten Dank für die Huld Seiner Majeſtät aus, ſowie auch S. K. und K. Hoheit dem durch ſeinen hohen Sinn für Kunſt und Wiſſen= ſchaft weithin bekannten durchlauchtigſten Herrn Erzherzog Ludwig Viktor. Bei der Feſtakademie, die außerdem durch die Anweſenheit der Miniſter und zahlreicher Civil= und Militär=Würdenträger ausgezeichnet war, hielt eine Feſtrede in ungariſcher Sprache der Zögling der Akademie, Graf Bethlen, die deutſche Graf Myrbach, während andere Zög= linge in allen Sprachen der Monarchie Gedichte zum Vortrage brachten!

Se. Majeſtät der Kaiſer hat aus Anlaß des ungariſchen Millenniums die Errichtung von fünfzehn ungariſchen Stiftungs= plätzen in der Thereſianiſchen Akademie geſtattet.

Die Tage Maria Thereſias waren es geweſen, die den

kaiſerlichen Hof nicht allein aus politiſchen und militäriſchen
Gründen wiederholt nach Ungarn führten, ſondern oft und
oft auch aus Gründen des geſellſchaftlichen Verkehrs zum
Beſuche einzelner Mitglieder der ungariſchen Ariſto=
kratie, wo dann auf den herrlichen, feenhaft eingerichteten
Schlöſſern Eiſenſtadt, Eßterhazy, Gödöllö u. a. m. die ge=
feierte Königin und deren Begleitung mit gleich huldigender
Loyalität, wie echt ungariſcher Gaſtfreundſchaft empfangen
und aufgenommen wurden. Es ward bei ſolchen Anläſſen
ein Stolz darein gelegt, der Monarchin vor Augen zu führen,
was Ungarn zu bieten imſtande. Ein Engländer, welcher an=
fangs der 70er Jahre des vorigen Jahrhunderts Ungarn in
der Abſicht bereiſte, um die ungariſchen Weine zu prüfen,
ſchreibt in den philoſophiſchen Schriften der k. engliſchen Ge=
ſellſchaft, — der heutigen Royal Society in London, — daß ein
ungariſcher Magnat der Kaiſerin=Königin bei einer Mahlzeit
300 Gattungen von verſchiedenen inländiſchen Weinen zur
größten Verwunderung der Monarchin vorgeſetzt habe.*)
Eine andere zeitgenöſſiſche Schilderung giebt uns ein Bild
des Schloſſes Eßterhazy, des Fürſten Eßterhazy, nahe am
Neuſiedler See, das eben in den Tagen Maria Thereſias
neu erſtanden und überaus koſtbar zu ſehen war.

Die Kaiſerin=Königin, dieſe Sehenswürdigkeit zu beſich=
tigen, erſchien hier gar bald zur hohen Freude des fürſtlichen
Schloßherrn. „Was einem Fremden alſogleich auffallen kann"
— ſagt unſere Quelle**) — „iſt das Schloßgebäude ſelbſt,
die prächtigen Zimmer, welche königlich möbliert ſind, mit
ihren mannigfaltigen Seltenheiten;" beſonders großartig ſtellen
ſich das obere Stockwerk, das Belvedere und die Sala Terrena
dar; eine anſehnliche Bibliothek mit über 20000 Bänden, ein

---

*) Almanach für Ungarn 1778. p. 225.
**) Ebenda p. 324 ff.

kunstreiches Marionettentheater mit 36maligen Scenenwechsel,
schöner als das berühmte Nikolasche in Paris, eine Bühne für
lebende Darsteller — Schauspiel und Oper — ein chinesischer
Tanzsaal, Fontainen, Bassins, ein Kaffeehaus im Garten,
Sonnentempel, Dianentempel, eine Eremitage, der herrliche
Park, der weitgedehnte Garten, die zahlreichen Statuen 2c. 2c.
alles vereint, bot wahrhaft märchenhaften Glanz. Dazu das
Leben im Schlosse selbst, wo der Fürst eine eigene Musik-
sellschaft, mit dem berühmten Joseph Haydn als Kapellmeister,
deutsche und italienische Schauspieler und Operisten unterhielt,
wo seine eigene, in blau und gelb prächtig uniformierte Gre-
nadiergarde paradierte, alles in allem ein würdiges Ensemble,
eine Königin bei sich zu sehen und sie würdig zu feiern.
„Le chateau d'Esterhazy — sagt ein französischer Tourist
von 1775 — est superbe et les jardins ou promenades dans
le bois sont extremement agreables" und im Anschlusse
daran erinnert derselbe Autor an den Festball und das Diner,
das der Fürst am 22. Juli 1770 der Kaiserin-Königin in
Kittsee bei Preßburg gegeben, bei welchem 50 seiner Gardisten
in kostbarster Uniform aufgewartet und welches große Fest
zu Ehren Maria Theresias in „magnifiquer" Weise verlaufen.*)

Dem loyalen Wunsche der ungarischen Nation, die
ungarischen Könige möchten zeitweise die Residenz
in Ungarn nehmen, welchen in unseren Tagen S. K. u. K.
Apostolische Majestät Franz Joseph I. zur jubelnden Freude
des getreuen ungarischen Volkes zur That gemacht, wollte
schon Maria Theresia nachkommen, ein Beweis hierfür ein
Auftrag, an Stelle des in Ruinen gelegenen königlichen Pa-
lajtes zu Ofen einen neuen zu bauen, wozu auch schon am
13. Mai 1749 unter großen Feierlichkeiten der Grundstein
gelegt worden.

---

*) Itineraire des routes les plus fréquentées. Paris 1775. p 97.
v. Rabich, Fürstinnen des Hauses Habsburg.　　　11

Wie Maria Theresia durch diesen Befehl, so hatte sie im selben Jahre noch deutlicher das innige Verhältnis zum Ausdrucke gebracht, in das sie sich persönlich zu Ungarn gerückt fühlte, indem sie den FM. Batthyany zum Erzieher des 7jährigen Prinzen Joseph ernannte und zum Zwecke der Einführung des Thronfolgers in die Kenntnis der ungarischen Sprache, der Verfassung und der Zustände Ungarns einen geborenen Ungar, in der Person des Piaristen Baitay betraute.

In Preßburg richtete Maria Theresia eine eigene Hofhaltung ein, indem sie dorthin ihren Schwiegersohn, den Herzog Albrecht von Sachsen-Teschen, der mit ihrer geliebten Tochter, der kunstsinnigen, hochedlen Erzherzogin Marie Christine, vermählt war, als Statthalter für Ungarn bestimmte.

Es ward diese Hofhaltung im königlichen Schloß zu Preßburg ein besonderes Vermittlungsglied für die Verbindung zwischen der altösterreichischen und ungarischen Aristokratie.*) Maria Theresia wies der Erzherzogin die schöne Herrschaft Altenburg mit dem reichen Wildbanne an Hirschen, Rehen, Wildschweinen, Fasanen zu, die einst die Königin Anna ihrem Gemahl, Kaiser Ferdinand I., zum Brautschatze mitgebracht und die seither allen ungarischen Königinnen aus dem Hause Habsburg zu teil geworden, sie wies ihr ferner das reizende Jagdschloß Halbthurn zu, wo gleichwie im Altenburger Revier nun wieder die fröhlichsten Jagdfeste abgehalten wurden.

Maria Theresia selbst nahm nach dem Tode ihres geliebten „Franzl" an den weltlichen Vergnügungen nur wenig mehr Anteil, sie neigte sich mehr und mehr der stillen, frommen Betrachtung zu und die kirchlichen Übungen, die sie wohl auch sonst nie vernachlässigt hatte, treten mehr und mehr in

---

*) Wolf, Österreich unter Maria Theresia p. 341.

den Vordergrund, wie sie denn auch die Halbtrauer nie mehr
abgelegt.

Fünfzehn Jahre nach dem Hinscheiden des Kaisers segnete
die unvergeßliche Regentin, „die edelste der deutschen Frauen,"
„der Stolz Österreich-Ungarns," „die Fürstin aller Fürstinnen"
das Zeitliche, nachdem sie noch kurz vorher ihrem Schwiegersohne, dem Herzog Albrecht von Sachsen-Teschen in Betreff
Ungarns die Worte zugeschrieben: „Ich freue mich, daß
dieses Land jetzt glücklicher ist, als es früher war, ich bin
eine gute Ungarin, mein Herz ist von Dank für dieses
Volk erfüllt."*)

Und am Vortage ihres Scheidens unterzeichnete sie außer
dem Dankschreiben an ihren berühmten Minister Kaunitz auch
das an den Kanzler Ungarns, den Grafen Eßterhazy,
worin sie diesem auftrug, in ihrem Namen dem ungarischen
Volke für alle ihr bewiesene Anhänglichkeit und Treue und
und für die ihr in der Not geleistete Hilfe zu danken und der
edlen Nation die Erwartung auszusprechen, daß sie dasselbe,
was sie für sie, die Kaiserin-Königin gethan, auch für ihren
Sohn und Nachfolger Joseph II. thun werde.

Am 29. November 1780, abends ³/₄ 9 Uhr, beschloß
Maria Theresia ihr mildes und gerechtes Leben, im Alter von
63 Jahren und 6 Monaten zur unermeßlichen Trauer ihrer
Familie, des Hofes und aller ihrer Völker!

Die Kundgebungen der Völker-Trauer beim Hinscheiden
der unvergeßlichen Fürstin, der „Wiederherstellerin Österreichs",
wie sie durch die Schrift auf die Nachwelt kamen, sie bilden
eine eigene Litteratur für sich und in dieser stehen in erster
Reihe die Kundgebungen aus Ungarn, die Trauerreden
eines Molnár, Ribinyi, Pallya u. a., das lauteste und
beredteste Echo des allgemeinen Schmerzes des ungarischen
Volkes um seinen großen „König" Maria Theresia!

*) Wolf, Hofleben Maria Theresias. p. 358.

11*

Ein hervorragender ungarischer Historiker unserer Tage*) sagt aber ebenso concis als prägnant: „Die vierzigjährige Regierung [Maria Theresias ist einer der merkwürdigsten Abschnitte der Geschichte Ungarns, denn ein neuer besserer Geist durchdrang die Staatsverwaltung und eine auffallende Umwandlung¹ der Gesinnungen und Sitten, besonders der höheren Volksklassen, ging vor sich!"

**) Feßler, Geschichte von Ungarn. V. p. 429.

# Die Kaiserinnen=Königinnen
## Maria Theresia, Maria Ludovica
### und
## Karolina Augusta.

Nachdem Kronprinz Franz, der nachherige Kaiser Franz I. am 19. September 1790 die Prinzessin Maria Theresia, Tochter Ferdinand IV. Königs beider Sicilien und der Königin Karoline, als seine zweite Gemahlin heimgeführt, begleitete er im November desselben Jahres seinen Vater Kaiser Leopold II. zur Krönung nach Preßburg, „deren Feierlichkeiten er in einem von ihm geführten „Krönungsjournal" von anno 1790 sehr lebendig schilderte und dabei selbst die Nationaltänze der ungarischen Landleute in beinahe plastischer Weise darzustellen wußte."

Am 1. März 1792 war dann Kaiser Leopold II. dahingeschieden und am 6. Juni desselben Jahres ließ sich Kaiser Franz zu Ofen zum Könige von Ungarn krönen. Zwei Tage später — 8. Juni — ward nach dem herkömmlichen Ceremoniell auch seine Gemahlin **Maria Theresia** mit der Krone des hl. Stephan zur Königin von Ungarn gekrönt. Doch schon nach wenigen Jahren (1807, 13. April) entschlummerte diese für alles Edle und Gute warmfühlende Fürstin, eine Beschützerin und Freundin der Künste, die hohe Frau, die voll Liebe für die guten und treuen Völker Österreich-Ungarns gewesen, im 35. Lebensjahre.

Am 6. Januar 1808 vermählte sich Kaiser Franz zum dritten Male, mit **Maria Ludovika** Beatrix, Tochter des Erzher-

zog Ferdinand und der Erbprinzessin Beatrix von Este und am
7. September desselben Jahres fand die Krönung dieser
schönen und geistvollen Fürstin, welche Altmeister Goethe
bekanntlich so hoch im Liede gefeiert, zur Königin von Ungarn, zu Preßburg statt. Da der versammelte Landtag
sofort nach den solennen Krönungsfeierlichkeiten in loyalster
Weise die Verhandlungen über die Verteidigung des durch
Frankreich gefährdeten Gesamtvaterlandes vornahm und sich
in Gewährung von Gut und Blut auf das willfährigste erwies, so konnte der Kaiser und König in seiner Schlußrede
— am 5. November — mit Recht sagen: „Wir waren vereinigt, wir sind vereinigt und werden vereinigt bleiben, bis
der Tod uns trennt.“

Und die huldvolle Kaiserin-Königin Maria Ludovika,
welche die Summe von 50,000 fl. von dem Krönungsgeschenke
als Beitrag für die auf demselben Landtage zur Gründung
beschlossene und sodann nach ihrem hohen Namen benannte
Militär-Akademie „Ludovicea“ gespendet hatte, beant-
wortete die Ansprache des Erzherzog-Primas mit den kurzen
aber so schönen Worten: „Der Aufenthalt, den Wir in der
Mitte der Herren Reichsstände zubrachten, gewährte Uns auf-
richtiges Vergnügen und zwar umsomehr, da Wir Zeuge der
Verehrung waren, die Sie für Unseren Durchlauchtigsten Gemahl an den Tag legten. Wir lernten daraus die Ungarn
näher kennen, deren Königin zu sein Wir jederzeit mit huld-
reichen Herzen Uns erinnern werden.“*)

In dem Zeitraum der Landtagsverhandlungen hatten die
Magnaten Ungarns gewetteifert, dem anwesenden Königspaare
den Aufenthalt im Reiche der hl. Stephanskrone so angenehm
als möglich zu gestalten, so gab u. a. der ungarische Hofkanzler Graf Joseph Erdödy auf seinem Jagdschlosse Erdöhaz

---

*) Wiener Zeitung 1808, p. 5727.

am 11. Oktober eine große Jagd und im Anschlusse daran andere Unterhaltungen, welche durch die Anwesenheit der Majestäten ausgezeichnet waren.*)

Nach achtjähriger Ehe verlor Kaiser Franz diese seine dritte Gemahlin, die ein unheilbares Lungenleiden in der Blüte ihres Alters — im 28. Lebensjahre — am 7. April 1816 dahingerafft. „Es war — sagt Heinrich Düntzer — eine der wunderbarsten Frauen, von frischester, aus dem Herzen fließender Heiterkeit, glühender Lebenslust, innigem Wohlwollen, lichter Geistesklarheit und hold erhebender Würde."**)

Kaiserin **Karolina Augusta**, Tochter des Königs Max Josef und der Königin Marie Wilhelmine Auguste von Bayern, in der Österreich-Ungarns Monarch nach Beendigung der drangvollen Zeiten durch die Franzosenkriege und die finanzielle Staatsnot in die Burg seiner Väter als vierte Gemahlin „ein liebes Weib" — des Kaisers eigene im gemütlichen Wiener Tone gebrauchten Worte — hatte einziehen sehen, die junge Kaiserin, sie begeisterte durch ihr liebevolles, herzensgutes Wesen wie alle unter dem gerechten Kaiser vereinten Völker auch das edle Ungarvolk gleich bei ihrem ersten Erscheinen in dessen Mitte.

War ihre Vermählung zu Wien (1816, 10. November) mit großer Prachtentfaltung gefeiert worden, so war nicht minder glänzend das Fest ihrer Krönung zu Preßburg am 25. September 1825.

Wenige Tage vor der Abreise der Majestäten aus Wien nach Ungarn hatte „die Mutter der Armen und Bedrängten," als die sich Karolina Augusta vom Eintritte in Österreich bis an ihr Lebensende unentwegt bethätigte, eine arme Frau,

---

*) ibid. p. 5191.
**) Goethes Verehrung der Kaiserin von Oesterreich, Maria Ludovita Beatrix von Este. Köln u. Leipzig 1885. p. 107.

die, als Bittstellerin beim Monarchen erschienen, im Vorge=
mache des kaiserlichen Audienzsaales von ihrer Niederkunft
überrascht wurde, und dann über Auftrag des gnädigsten
Kaisers zu weiterer Pflege in einem Zimmer der Hofburg
untergebracht worden in echt kaiserlicher Art mit dem reich=
lichen Geschenke von 50 Dukaten bedacht.*)

Dieser edle Herzenszug des „guten Genius ihres Volkes"
war außer anderen edlen Thaten der Kaiserin auch jenseits
der Leitha bekannt geworden und hatten ihr vorweg drüben
im Reiche der heiligen Stephanskrone die Sympathien aller
guten Menschen rasch gewonnen.

Großartig waren schon die Vorbereitungen gewesen, die
man in der Krönungsstadt Preßburg getroffen, alles aber über=
ragte an Pracht und Schönheit der Einzug der Majestäten
und die daran gereihten Festlichkeiten der Krönung selbst.

Ein Bericht der „Augsburger Allgemeinen Zeitung" vom
18. September 1825 meldet aus Ungarn unterm 1. des ge=
nannten Monats: „Wir leben und weben jetzt hier in einem
Taumel, der sich nicht beschreiben läßt, alles jauchzt den frohen
Tagen, die da kommen werden, jubelnd entgegen; die Veran=
staltungen zu den Festlichkeiten sind in der That für unsere
Stadt beispiellos." Die Straßen wurden neu gepflastert,
stellenweise mit Trottoirs, — die ein Wiener Meister stellte —
und mit neuer Beleuchtung versehen, das Theater wurde durch
einen Wiener Architekten auf das Prächtigste hergerichtet, zur
Unterbringung der Marställe (des Hofes und der Magnaten)
je ein Pferdestall für 1000 Pferde hergestellt.

Vor allem aber fesselte die Blicke der vielen Tausende,
die herbeigeströmt kamen, Zeugen der Festlichkeiten zu sein,
die herrliche vom k. k. Pontonierkorps errichtete Schiffs=
brücke über die Donau aus zweiunddreißig aneinander gereihten

---

*) Augsburger Allgemeine Zeitung 1825.

Schiffen bestehend, die am Schiffskörper mit den kaiserlichen Farben, an dem Geländer in den Nationalfarben weiß=grün= rot bemalt erschienen und an deren Einfahrt dies= und jenseits zwei hohe Masten ragten, deren Spitzen kaiserliche Wimpel zierten, das Ganze einen imposanten Anblick gewährend. Für die Volksbelustigungen war ein Cirkus der damals so beliebten Gesellschaft Stephanie, ein Panorama (von St. Petersburg) und eine Menagerie engagiert worden.

Am 11. September reisten die Majestäten von Wien nach Schloßhof, wohin sich am 15. eine Deputation der Stände= versammlung aus Preßburg begab, um den Kaiser und die Kaiserin zu bewillkommnen und in die Krönungsstadt zu laden.

Der Deputation zu Ehren war große Tafel in Schloß= hof, während derselben erschienen die Majestäten in un= garischer Nationaltracht, worauf sich die ganze Ver= sammlung erhob und in ein nicht zu beschreibendes Vivat= rufen ausbrach.

Zwei Tage später (17. September nachmittags), erfolgte, begünstigt von dem schönsten Wetter, der feierliche Einzug, der Majestäten in Preßburg und auf der Wiese vor der Sommer= Residenz des Fürstprimas in einem eigens hergerichteten Zelte der erste Empfang durch die in großer Gala versammelten Magnaten. Sobald die Majestäten abgestiegen waren, hatte die Musikkapelle des k. k. Kürassierregimentes Franz von Modena Haydns weihevolle Volkshymne: „Gott erhalte Franz den Kaiser" angestimmt, die wie der Berichterstatter der „Allgemeinen Zeitung" betont, vom Volke mit freudiger Rührung aufge= nommen wurde.

Nach erfolgter Begrüßung durch die Magnaten setzte sich der prachtvolle Festzug in Bewegung, voran die Erzbischöfe und Bischöfe, dann die Magnaten „in halb orientalischer Tracht" und in außerordentlicher Gala — der Palatin Erz=

herzog Joseph in deren Mitte — unter den Magnaten glänzten besonders die Grafen Orczy und A. Bathianyi, „bei deren Anblick jedermann in freudiges Erstaunen geriet."

Unmittelbar nach den Magnaten folgten die Majestäten im offenen von acht prächtigen Pferden gezogenen Staatswagen — zu seiten Erzherzog Ferdinand von Este als kommandierender General in Ungarn, — der Kaiser trug die ungarische Generalsuniform, die Kaiserin reiches ungarisches Kostüm; Einwohner und Fremde fühlten sich durch die Freundlichkeit und Güte bezaubert, welche den Majestäten so eigen. Die in besonderem Glanze erstrahlende Sonne krönte das prachtvolle Fest. „Der Glanz der Diamanten, des Goldes und des Silbers — sagt der Berichterstatter der „Allgemeinen Zeitung" — „spiegelte sich in der Sonne auf magische Weise und riß alles zum Erstaunen und Entzücken hin. Die Galaequipagen unserer Magnaten waren mit Silber ganz bedeckt und alle mit einer großen Anzahl von Silber strotzender Diener umgeben. Fürst Eszterhazy zeichnete sich auch hierin besonders aus, sein Wagen war von 56 Hausoffizieren begleitet und dem Wagen des Fürstprimas ritt sein Hauskaplan mit dem Kreuze voran und 26 Hausoffiziere folgten."

Der „Oesterreichische Beobachter"*) bekanntlich das Organ der Staatskanzlei, des Fürsten Metternich, sagt über diesen Einzug der Majestäten wörtlich: „Wir dürfen nicht unbemerkt lassen, daß die Würde dieser Feierlichkeit ganz vorzüglich durch den edlen Anstand, welcher dem ungarischen Adel eigentümlich ist, und durch die für jeden Fremden insbesondere auffallend in Anzug und Haltung sich aussprechende Nationalität erhöht wurde."

Die Tage vom 18. bis 25. September, dem Tage der Krönung selbst, waren mit Reichstagssitzungen und Über-

---

*) 1825, 20. September.

tragung der Krone ausgefüllt. Die Thronrede, welche Kaiser
Franz vor den Ständen hielt, wurde von diesen an mehreren
Stellen durch stürmische Zurufe unterbrochen, namentlich bei
den Stellen, wo der Kaiser die treuen Leistungen der Ungarn
in den Kriegsjahren, die beharrliche Anhänglichkeit an die Ver=
fassung und seinen Wunsch, diese gesichert den Nachkommen zu
überliefern, hervorhob. Es herrschte nach Beendigung derselben
nur eine Stimme, die des Vergleiches mit dem Gefühle, welches
die ungarische Nation an dem Tage belebt hatte, als Maria
Theresia ihren Sohn dem Volke vorgezeigt.*)

Und Fürst Metternich schrieb in einem Briefe vom
28. September an Gentz: Die väterliche Stellung, welche
der Kaiser in der Thronrede angenommen, hat die Stände
mehr als überrascht und wie es in solchen Tagen geht, sehr
geschwinde enthusiasmiert.**) Franzens guter Genius Karo=
lina Augusta weilte an seiner Seite und hegte und pflegte
die ihm eigene Liebe zu seinen Völkern.

Am 25. September war der Tag der Krönung, die in
der herkömmlichen Weise unter außerordentlichem Pompe und
unter grenzenlosem Jubel der Ungarn vor sich ging. „Die
Pracht der mit Edelsteinen, Gold und Silber bedeckten Mag=
naten und ihrer Dienerschaft" — sagt der Berichterstatter der
„Allgem. Zeitung" — „läßt sich nicht beschreiben so wenig als
die fromme Andacht der Königin vom Anfange der heiligen
Handlung bis zu deren Ende. Im Schiffe der Kirche prangten
die unübertroffenen Tapeten (Gobelins) des kaiser=
lichen Hofes mit den Schildereien aus der biblischen und
der älteren österreichischen Geschichte, vorzüglich aber in die

---

*) Allgemeine Zeitung 1825, 28. September.
**) Aus Metternichs hinterlassenen Papieren. Herausgegeben von
dem Sohne des Staatskanzlers Fürsten Richard Metternich=Wineburg,
Wien 1881, II. T. II. Bd. p. 191.

Augen fallend hatte man die Siegesthaten Karls von Lothringen gestellt, deren Schauplatz größtenteils Ungarn gewesen, die also auch besonders das Interesse der Nation in Anspruch zu nehmen sich eigneten."

Einen gewaltigen Eindruck machte auf die Anwesenden der aus der Haltung der Kaiserin-Königin leuchtende Beweis reinster ehelicher Glückseligkeit, wie sie sich in dem unmerklichsten und doch so unendlich ausdrucksvollem Lächeln äußerte, so oft Karolina Augusta am Throne des Kaisers vorüberkam.

Nach der dem Akte der Krönung gefolgten Ceremonien- tafel begaben sich die Majestäten, die Erzherzoge und Erz- herzoginnen in den Saal des Kasinos, wo 800 Magnaten und Edelleute bewirtet wurden, welcher Tafel auch der Fürst Johann Liechtenstein beiwohnte. Die Stadtbeleuchtung am Abende des Krönungstages war eine brillante und erregte vornehmlich die vor der Sommerresidenz des Primas ragende Säule mit der Nachbildung der ungarischen Krone an der Spitze die allgemeinste Bewunderung.

Dem Fürsten Metternich der hier Gelegenheit gefunden mit dem „größten Ungar" Grafen Szechenyi nahe zu ver- kehren sowie dem in Wien accreditierten königl. bayerischen Minister von Steinlein verliehen die Magnaten das In- digenat des Königreiches Ungarn.

Der Deputation der Stände, welche zur Namenstagsgratu- lation für den Kaiser bei Hofe erschien und der Kaiserin-Königin zugleich das Krönungsgeschenk überreichte antwortete Karo- lina Augusta in lateinischer Sprache und schloß mit den Worten: „Durch die heilige Reichskrone mit der ungarischen Nation noch enger verbunden, wünsche ich aufs Feurigste, daß diese mir so teure Nation, von dem Scepter ihres gütigsten Königs geschirmt, die erwünschtesten Früchte ihrer Treue und

Anhänglichkeit ernten und daß ihr Ruhm und ihre Wohlfahrt
Jahrhunderte hindurch dauern mögen."*)

Das Krönungsgeschenk von 50,000 Dukaten wurde aber
von der hochsinnigen edlen Kaiserin-Königin zu wohlthätigen
und gemeinnützigen Zwecken in Ungarn verwendet.

Der Palast, der in diesen Tagen eine Wohnung der Zufriedenheit und der Freude gewesen, sollte aber gar bald ein
Haus der Bestürzung und der Trauer werden, denn nach
wenigen Tagen langte die Nachricht von dem erfolgten Hinscheiden des Vaters der Kaiserin-Königin, des Königs Max
Joseph von Bayern in Preßburg ein, der am 13. Oktober
plötzlich das Zeitliche gesegnet; zuerst teilte der Kaiser die
tieferschütternde Kunde dem Erzherzoge Franz Karl und erst
später der Kaiserin und der Erzherzogin Sophie mit, die
sich nun dem tiefsten Schmerze hingaben. Dem sodann in der
Kapelle des Primatialpalastes vom Fürstprimas unter Assistenz
mehrerer Bischöfe celebrierten Seelenamte wohnten die Majestäten und die in Preßburg eben anwesenden Mitglieder der
kaiserlichen Familie bei.

Wenige Tage später erkrankte Kaiser Franz und es
konnten die Majestäten erst am 16. November wieder in der
Residenzstadt Wien eintreffen.

Kaiserin-Königin Karolina Augusta, die Zeit ihres
Lebens sich im Wohlthun schier erschöpfte — schritt doch kein
Hilfesuchender ohne Trost und Unterstützung von der Schwelle
ihrer Gemächer — hat in der Verteilung der Spenden keinen
Unterschied gekannt zwischen Angehörigen dieses oder jenes
Volksstammes im weiten Reiche ihres kaiserlichen Gemahls
und seiner Nachfolger in der Regierung.

„Die Kaiserin Mutter", wie der Volksmund die hohe

---

*) Allgem. Zeitung l. c.

Frau auch dann noch nannte, als ihr Stiefsohn Kaiser Ferdinand I. die Regierung zu Gunsten Sr. kaiserl. und königl.
apostolischen Majestät unseres glorreich regierenden Kaisers
und Herrn Franz Joseph I. niedergelegt hatte, sie hat die langen
Jahre, die ihr der Allmächtige hienieden segenspendend zu
wandeln gegönnt durch eine Reihe zum Besten der Menschheit bestimmter wohlthätiger Stiftungen benutzt. So gründete
die Kaiserin-Königin Karolina Augusta u. a. auch die noch
jetzt blühende und unter dem Allerhöchsten Protektorate Ihrer
Majestät der Kaiserin-Königin Elisabeth stehende „Karolinen-
stiftung" für Unteroffizierstöchter zu Wien, ein von den
Schulschwestern trefflich geführtes Erziehungsinstitut, das
allen in der k. und k. Armee vereinten Völkerschaften
Oesterreich-Ungarns zu Gute kommt.

Kaiserin-Königin Karolina Augusta beschloß ihr wahrhaft frommes durch Milde und Wohlwollen ausgezeichnetes
Erdenwallen am 9. Februar 1873, nachdem sie noch in den
letzten Lebensstunden die Worte geflüstert: „Ach, wer wird
nun für meine Armen sorgen." Der Nachruf der kaiserlichen
Wiener Zeitung aus der Feder des damaligen Oberstkäm-
merers Grafen Folliot Crenville bezeichnet sie als „das
Vorbild einer christlichen hingebenden Gattin, die ebenso
die Pflichten einer Kaiserin als die einer Mutter der Familie und des Landes in schweren, wie in glücklichen Zeiten
erfüllt hat."

# Kaiserin-Königin Elisabeth
und
## die Frauen Erzherzoginnen
### in Ungarn.

War das ein für die getreue Bevölkerung Österreich=
Ungarns wonnevoller Tag, als des jugendlichen ritterlichen
Monarchen, des allgeliebten Herrschers Kaiser Franz Joseph I.
holdselige Braut, Prinzessin Elisabeth, die sechzehnjährige an=
mutvolle Tochter des kunstsinnigen Herzogs Max in Bayern
und seiner trefflichen Gemahlin der Herzogin Ludovika vom
k. k. Theresianum her in dem von acht herrlichen Schimmeln
gezogenen Prachtwagen über die in einen blühenden Garten
verwandelte Elisabethbrücke nach der altehrwürdigen Wiener
Hofburg ihren feierlichen Einzug hielt, in einem duftigen
Rosaatlaskleide mit weißem Aufputz, um den Nacken eine
Spitzenecharpe, in dem wundervollen Haar ein Diadem von
Diamanten umgeben von einem Kranz aus weißen und roten
Rosen — sie selbst, wie Dichterwort als Wahrwort sie ge=
priesen: „Die Rose aus dem Bayerlande".

Unter den Funktionären dieses kaiserlichen Brautzuges
am 23. April 1854 befanden sich im Gefolge, unter den k. k.
Kämmerern die Grafen A. D'Orsay, F. Zichy, J. Palffy,
P. Palffy, J. Apponyi, Nako, C. Széchényi, A. Zichy,
Marquis A. Pallavicini, die Grafen D. Bethlen, C. Zichy,
Fürst Nikolaus Eßterhazy, sämmtlich zu Pferde, gleichfalls zu
Pferde unter den geheimen Räten Feldzeugmeister Graf
Gyulay, sowie die Grafen L. Palffy und L. Károly, zu Wagen

12*

die geheimen Räte Bischof Ranolder, Bischof von Wesßprim,
Fürst Batthyanyi, Primas von Ungarn, Kardinalfürsterzbischof,
Fürst Paul Eßterhazy.

Die Gnade des Monarchen, die aus Anlaß Allerhöchst=
dessen Vermählung ein wahres Füllhorn an Verleihungen von
Würden und Titeln, von Ordenssternen und Ordenskreuzen
über alle Teile der österreichisch=ungarischen Monarchie ausge=
gossen, hatte dabei auch die ungarische Nation gar reichlich
bedacht, u. a. erhielten die geheime Ratswürde die Magnaten
Rudolf Graf Apponyi, Anton Fürst Palffy, Joseph Graf So=
mogyi und Nikolaus Freiherr von Vecsey, das Kommandeur=
kreuz des St. Stephansordens Franz Graf Nadasdy und ge=
heimer Rat und Reichsrat Ladislaus von Szögenyi.

· Bei der am 24 April ¹/₂6 Uhr abends in der Augustiner
Hofpfarrkirche stattgehabten Vermählung, wobei in den
Korridors des Kirchganges die Zöglinge der k. k. There=
sianischen Militärakademie in Wiener Neustadt Spalier bil=
deten, befanden sich an der Seite des den heiligen Akt der
Trauung vornehmenden Kardinal=Fürsterzbischofes von Wien
Othmar R. von Rauscher unter den 70 anwesenden Kirchen=
fürsten und Dignitären auch die Bischöfe aus Ungarn,
sowie unter den im Schiffe der Kirche anwesenden Landes=
deputationen auch die Mitglieder der ungarischen Deputation
in ihrer prachtvollen Tracht das glanzvolle Bild vervoll=
ständigten.

Tags darauf brachte diese ungarische Deputation unter
Führung Sr. k. und k. Hoheit des durchlauchtigsten Herrn
Erzherzog Albrecht Namens des Königreiches Ungarn
dem neuvermählten Herrscherpaare ihre Huldigung dar, des
Erzherzoges Albrecht, der allein und in Gemeinschaft mit seiner
zehn Jahre später dahingeschiedenen erlauchten Gemahlin Erz=
herzogin Hildegarde, Tochter des Bayernkönigs Ludwig I.,
bei längeren Aufenthalten in Ungarns Hauptstadt und auf den

eigenen latifunden Besitzungen daselbst so zahlreiche Spuren kunstsinnigen und wohlthätigen Wirkens hinterlassen.

Bei der Vorstellung der Gemahlinnen der fremden Botschafter und Gesandten bei der jungen Kaiserin intervenierte als Vorstellende die Obersthofmeisterin Ihrer Majestät Gräfin Eßterhazy.

Und in jenem „Frühlingsalbum," das patriotische Herzen dem jungen Herrscherpaare mit autographen Beiträgen von 162 österreichischen Dichtern und Schriftstellern überreichen durften und das nachher auch im Drucke ausgegeben wurde*) begegnen wir unter den Huldigungsgedichten in allen Sprachen des polyglotten Österreich-Ungarn selbstverständlich auch weihevollen Beiträgen in ungarischer Sprache von Nagy Miklos, Sujanski Antal, Jalotics Anb. u. a. einer geschichtlichen Erinnerung von Johann Grafen Majlath u. a. m. Doch auch der übrige Inhalt des ansehnlichen Buches birgt so manche beziehungsschöne poetische Gabe Ungarn betreffend, so z. B. das reizende Gedicht „Wunsch und Erfüllung" von Bákoby mit der stimmungsvollen anekdotischen Reminiscenz an eine vom Kaiser vor seiner Vermählung durch Ungarn gemachte Reise. Es lautet:

### Wunsch und Erfüllung.

Auf der weiten Ungarheide
Sprengt dahin im reichen Zuge
Österreichs Herrscher — Ihm zur Seite
Die Cumanen kühn im Fluge.

Dicht am Wagen reitet mutig
Ein gebräunter Sohn der Heide,
Der an seinem Dolmány**) fliegend
Trägt sein liebstes Prachtgeschmeide.

---

\*) Österreichisches Frühlingsalbum, herausgegeben von H. Truska, mitredigiert von K. A. Kaltenbrunner, Wien 1854.

\**) Ein kurzes Oberkleid, das als Überwurf umgehangen wird

Und der Kaiser blickt mit Freude
Auf den kühnen Ungarreiter
Und mit freundlich milden Worten
Rief Er nun zu dem Begleiter.

Welch ein schönes Tuch bewahrst
Du an deines Herzens Seite?
Flatternd schwebt es in den Lüften,
Wie die Fahne kühn im Streite.

„Dieses Tuch," sprach der Cumane,
„Gab mir meines Herzens Taube,
Meine Erzsi*), die mein Friede
Die mein Leben und mein Glaube."

„Hat mein König keine Erzsi?"
Sprach nun der Cumane weiter,
Und bei dieser kühnen Frage
Glüht sein Antlitz hoffnungsheiter.

„Nein, ich habe keine Erzsi!"
Sprach der Kaiser. — Der Cumane
Barg nun flugs in seinem Dolmány
Seine süße Liebesfahne,

Sprechend: „Ei, so mög' mein König
Baldigst eine Erzsi finden,
Dann wird er gewiß ein solches
Tuch auf seinen Dolmány binden."

Und zwei Sommer sind verflossen —
Wahrheit ward der Wunsch des Treuen;
Möge sich ein jedes Herz, das
Liebe birgt in Liebe freuen!

Vom Tage der Erfüllung dieses Wunsches, vom Tage
der Verbindung unseres jugendlichen Monarchen mit der nach
der Herzens Stimme gewählten hohen Braut kam nun fortan
vereint dem edlen Herrscherpaare allüberall in dem weiten

---

*) Diminutiv von Elisabeth (Erzsebeth).

Reiche entgegen, was ein begeisterter Musensohn im fernen Alpenlande so schön apostrophiert: „Die Liebe der beglückten Nationen, die alle ernsten Herrscherforgen lindert."*)

Vorbedeutend für das hohe Glück, das dem Reiche der heiligen Stephanskrone im Laufe der Zeit aus der Vermählung des Kaisers mit Elisabeth von Bayern erblühen sollte, war die vom Monarchen jetzt schon erlassene Aufhebung des Belagerungszustandes sowie die Erteilung einer Amnestie.

Die Geburt der geliebten Kaisertochter Gisela im Jahre 1856 war der weitere Anlaß, daß in Ungarn und Siebenbürgen durch die Allerh. Gnade des Monarchen zahlreiche Personen, die nach der Revolution durch gerichtliches Urteil im Jahre 1849 ihres Vermögens verlustig erklärt worden waren, dasselbe zurückerhielten, was nicht verfehlte, daselbst jubelnde Freude zu erregen.

Die Herzen des ganzen Volkes von Ungarn schlugen aber in freudigstem Hochgefühle dem Kaiserpaare entgegen, als die Majestäten im Maimonde des nächsten Jahres (1857) eine größere Reise durch Ungarn antraten. Das weitausgedehnte Programm umfaßte nahezu Gesamtungarn.

Die Ankunft in Pest zu Schiff erfolgte am 4. Mai — auch die kaiserlichen Kinder, die Erzherzoginnen Sophie und Gisela, befanden sich im Gefolge der Majestäten — in voller kaiserlicher Pracht. Entlang der Donaufahrt hatte das Königspaar unausgesetzt die lebhaftesten Beweise treuer Ergebenheit erhalten und wurde von mehreren reich geschmückten Dampfern mit dem Abel und den Bewohnern aller Stände der um-

---

*) Aus dem schönen Festgedichte bei der akademischen Feier des Laibacher Gymnasiums, das der Schüler der 8. Klasse Herr Schwegel, mein hochverehrter Studiengenosse, der gegenwärtige geh. Rat und Sectionschef i. R. Joseph Freiherr von Schwegel dargebracht.

liegenden Komitate begleitet. Vom ganzen Lande war der
höhere Klerus und der Adel anwesend, und die Schwester=
städte Ofen und Pest waren von Besuchern so überfüllt, wie
vielleicht noch nie. Feenhaft waren die von der Hauptstadt
bereiteten Feste, namentlich war die Beleuchtung von nie ge=
sehener Pracht und „die Volksmassen umbrängten den Wagen
der dieselbe besichtigenden Majestäten, da jeder im Schein der
Lichter die lieblichen Züge der Kaiserin zu sehen begehrte."
Großartig war auch der Festball im Landhause, wo der Kaiser
unter die Tanzenden getreten förmlich eingeschlossen kaum den
Ausweg finden konnte und wo auch die Kaiserin zum ersten
Male den feurigen „Csardas" tanzen sah, welcher origi=
nelle Nationaltanz das sichtlichste Interesse der hohen Frau
erregte.

Unendlichen Jubel rief die Amnestie hervor, die in seiner
Milde der Monarch jetzt erlassen, den geeigneten Anlaß wahr=
nehmend, um den Schleier des ewigen Vergessens über eine
traurige Vergangenheit zu breiten.

Mitten in die freudige Bewegung traf jedoch die Er=
krankung der beiden Erzherzoginnen Sophie und Gisela,
welcher Zwischenfall einen längeren Aufschub der Weiterreise
der Majestäten zur Folge hatte; und bei der Bevölkerung war
nun die Lust und Freude der vorangegangenen Tage von der
Ehrfurcht vor der zärtlichen Besorgnis der erlauchten Mutter
verdrängt. Erst nachdem die Ärzte ihre Beruhigung ausge=
sprochen, ward die Reise in das Land weiter unternommen.
Zunächst ging es in das Gebiet der Jazygier und Cumanier
und bildete der Aufenthalt in Jászberény einen besonderen
Glanzpunkt, wobei wieder das „Volksfest" mit den Tausenden
schmuckester Banderialisten, den bunten Trachten, den eigen=
artig sich darstellenden Sitten und Gebräuchen — der Über=
reichung von Brot und Kuchen durch die mit golddurchwirkten
Hauben geschmückten Frauen und von Käse und schwarzen

Lämmern durch die Burschen — das meiste Interesse erregten.
Besonders gelungen stellte sich dann auch der im sogen. Pala=
tinalgarten von den ungarischen Gardisten mit vornehmen
Damen im Freien aufgeführte Csárdás dar. Der Königin
wurde eine prächtige mit goldenem gestickten Schleier und
einer Perlenkrone geschmückte ungarische Haube (párta,
überreicht. Über Czegleb und Kecskemet — wo die Er=
hebung des Ortes vom Marktflecken zum Range einer königl.
Freistadt unbeschreiblichen Jubel hervorrief — ging die Reise.
auf der auch in dem Herrnhause einer ausgedehnten Pußta
ein origineller Empfang der Majestäten durch eine 10jährige
Waise, eine kleine Gräfin Wenkheim als „Schloßfrau" statt=
hatte — nach Szegedin, wo man ein höchst originelles
Fischerfest arrangiert und dann nach Debreczin. Hier er=
eilte die Kunde von der unerwartet gefahrvollen Wendung
im Zustande der erstgeborenen Tochter der Majestäten, der
Erzherzogin Sophie, die tiefstbetroffenen hohen Eltern, die
sofort die Rückkehr nach Ofen antraten, wo die Majestäten
am Vormittag des 29. Mai eintrafen, um noch die kleine
Erzherzogin am Leben sehen zu können — die zum herbsten
Schmerze Aller am selben Tage ($^1/_2$10 Uhr abends) das Zeit=
liche segnete. Tags darauf erfolgte die Abreise der Majestäten
nach Wien. So hatte in jäher schriller Wehklage ausgeklungen
was als hellfreudiger Festeshymnus angehoben; durch des
Himmels unerforschlichen Ratschluß weinte das Volk von Un=
garn, das kurz vorher noch aufgejubelt!

Den in Leid und Freud stets innigst vereint mit dem
geliebten Herrscherhause fühlenden Völkern Österreich=Ungarns
war jedoch nach Jahresfrist der Anlaß zur feierlichsten Kund=
gebung der Freude geboten durch das hocherfreuliche Ereignis
der Geburt dessen, dem der Dichter zugerufen:

> So sei gegrüßt! wo Österreichs Söhne wohnen
> Sei's an der Donau, an der Save Strand

Sei's wo die Wolken ziehn um Alpenkronen
Sei's wo die Pußta streckt ihr Weideland

der Geburt unseres unvergeßlichen Kronprinzen Erzherzog
Rudolf (21. August 1858).

Die höchsten Kirchenfürsten und die Träger der edelsten
Adelsnamen des Reiches der h. Stephanskrone, sie eilten nach
Wien, um die Ersten Namens des Landes, Namens der Nation
die Glückwünsche darzubringen und sie alle die Vornehmen
und die Großen im Lande wetteiferten mit den Vertretungen
der Städte, um das Ereignis durch Übung von Akten der
Wohlthätigkeit und Humanität würdig zu feiern — Debreczin
allein spendete 160000 Gulden zur Errichtung einer Armen-
versorgungsanstalt für 100 Hilfsbedürftige — darin dem erhabenen Beispiele des beglückten kaiserlichen Vaters folgend,
Allerhöchstwelcher die Geburt des Kronprinzen durch eine Reihe
von hervorragenden Wohlthätigkeitsakten auch für Ungarn
feierte. — —

Die Majestäten und das Volk von Ungarn kamen einander immer näher und die ausgesprochene Fürbitterin für
Ungarns Wohl am Throne, die erhabene Kaiserin, die Freundin
und Förderin der ungarischen Sprache und Dichtung knüpfte
das Band zwischen dem Herrscherpaare und Ungarn immer
fester und fester. Dazu gesellte sich die vorhaltende Tendenz
des gnädigen Monarchen, wie überhaupt die Zufriedenheit
und das Glück unter seinen Völkern zu fördern und zu festigen,
so auch in dem Volke von Ungarn, durch den „Ausgleich"
mit den Ländern der hl. Stephanskrone.

Und dieser „Ausgleich" sollte durch die Krönung der
Majestäten mit der Krone des hl. Stephan in feierlichster
Weise besiegelt werden.

In der gemischten Sitzung der Magnaten- und Deputiertentafel, am 4. Juni 1867 wurden als Kronhüter Georg Graf
Károlyi und Nikolaus Baron Vay gewählt und über Deáks

Vorschlag dem Ministerpräsidenten Julius Grafen Andraſſy
die Funktionen des Palatins bei den Krönungsfeierlichkeiten
übertragen. Der Krönungstag war seit längerem schon auf
den 8. Juni festgeseßt worden, daher konnte von diesem
Datum nicht abgegangen werden, troßdem zwei Tage vorher
die unglückliche Tochter des Siegers von Custozza FM. Erzherzog Albrecht, die liebenswürdige Erzherzogin Mathilde, im
kaiserlichen Schlosse zu Heßendorf bei Wien infolge der
erlittenen Brandwunden ihre edle Seele ausgehaucht. Dieser
schreckliche Trauerfall im Kaiserhause war denn die Ursache,
daß die Krönungsfeierlichkeiten, wenngleich nach dem festge-
seßten Ceremoniell, so doch ohne alle Beigabe von Freuden-
festen stattgefunden. Der Enthusiasmus des ungarischen
Volkes über die Realisierung des innigsten Herzenswunsches
der Nation über die Krönung des geliebten Herrscherpaares
hatte eine so tiefe ethische Grundlage, daß er doch wohl
lärmender Festlichkeiten als Begleitung desselben entraten
konnte.

Die Feierlichkeit der Krönung selbst schildert mit lebhafter Charakteristik der Berichterstatter des vornehmsten
deutschen Blattes in Ungarn, des „Pester Lloyd“, dem wir
in folgendem das Wort lassen. Er sagt:

Den Hauptmoment der hehren Feier bildete der eigentliche
Akt der Krönung. Mit dem Schlage der sechsten Morgen-
stunde rollen prachtvolle Galaequipagen heran, Damen im
höchsten Staat, Magnaten in gold- und juwelenstrozenden
Gewändern betreten in ununterbrochener Folge die Kirche, und
bald hat der unmittelbar vor dem Sanktuarium im linken
Schiffe befindliche Raum einen unvergleichlichen lebenden
Schmuck erhalten; ein herrlicher Damenflor hat sich dort
niedergelassen, gegen 50 Frauen aus dem höchsten Adel des
Landes, in langen Schleppkleidern und in reichem Juwelen-
schmucke, ein Diadem reiht sich an das andere und von jedem

wallt ein von Silber und Gold durchwirkter Spitzenschleier
herab. Bald waren auch die Mitglieder des Reichsrates und
der Stadtverwaltung Wiens erschienen und die Botschafter
und Gesandten der fremden Mächte, die Zeugen des Bundes
sein wollten, welchen der Ungarkönig mit seinem Volke schloß,
Zeugen sein wollten der Krönung der Königin, waren bereits
in ihren Pracht-Karossen vorgefahren. Ein dreimaliger Tusch
der Hofkapelle verkündet, daß der Krönungszug die Schwelle der
Kirche bereits überschritten. Auch die Handlung vor der
Eingangskapelle hat sich bald vollzogen, und die Bannerherren
haben die daselbst aufbewahrten Kroninsignien übernommen,
und vom Chor herab ertönen die festlichen Klänge eines
Hymnus, den weihevollen Akt, der sich nun darstellt, in Tönen
illustrierend.

Der König und die Königin, der hohe Klerus und die
Großen des Landes bewegen sich durch das Mittelschiff. Die
Krone des hl. Stephan und die Reliquien des Reiches werden
aus dem Dunkel der Kapelle, aus der sie hervorgeholt worden,
in feierlichem Aufzuge in das Sanktuarium geleitet. Man
muß sie kennen die Geschichte dieser hl. Krone, man muß sie
kennen, die Verehrung, mit der das Volk an diesem Symbole
seiner eigenen Geschichte hängt, um die Macht zu begreifen,
mit welcher diese Scene die Gemüter ergriff.

Der Zug bewegte sich nach der im Ceremoniell vorge-
schriebenen Ordnung und wurden die elf Fahnen des Reiches
von den Grafen Emanuel Andrassy, Ladislaus Batthyanyi,
Alexander Erdödy, Anton Eßterhazy, Stephan Karolyi, Stephan
Keglevich, Peter Pejacsevich, Anton Sztaray, den Baronen
Albert Banffy, Georg Orczy und Joseph Rudics getragen. Der
Ministerpräsident Graf Julius Andrassy, dessen Brust als
ein soeben erhaltenes Zeichen königlicher Gunst das Großkreuz des Stephansordens schmückte, hielt in den Händen die
hl. Krone, während die dazu bestimmten Baunerherren die

Insignien des Reiches auf rotsammtenen Polstern am goldenen
Bandalier trugen. Nach den Bannerherren folgten Ihre
k. u. k. Hoheiten, die durchlauchtigsten Herren Erzherzoge
und nach diesen S. Majestät der König. Im zur Rechten
der bischöfliche Träger des Apostolischen Kreuzes und zur
Linken der hochbetagte königl. ungarische Oberststallmeister
Emerich Graf Batthyany mit dem entblösten Reichsschwerte.
Die Rührung erregte ihren Höhepunkt, als Ihre Majestät die Königin erschien. Auf dem Haupte die diamantene
Hauskrone, das leuchtende Symbol der Hoheit, aber den Ausdruck der Demut in der gebeugten Haltung und die Spuren
tiefster Ergriffenheit in dem edlen Antlitze, so schritt oder vielmehr schwebte sie dahin, als wäre eines von den Bildern,
welche diese heiligen Räume schmücken, aus dem Rahmen ge-
stiegen und wäre lebendig geworden.

Nun folgten sie aufeinander die einzelnen Krönungs-
momente und wirkten mit Macht auf die mit hoher Andacht
erfüllte Versammlung; der König, wie er auf die letzte Stufe des
Altars niederkniet und im Angesichte Gottes schwört, daß er Gerechtigkeit und Frieden im Lande erhalten wolle: „So wahr
mir Gott helfe und die heiligen Evangelien Gottes," wie sich
dann die irdische Majestät vor der göttlichen beugt, und das
königliche Haupt, ehe es die Krone, das Symbol der höchsten
irdischen Macht, empfängt, die Erde berührt, während der
Fürstprimas die Litanei betet, wie dann der König mit dem
hl. Öle gesalbt und mit dem Schwerte des hl. Stephan um-
gürtet wird und als großartiger Schluß der hocherhebenden
Ceremonie der feierlich ernste Moment, wo dem Könige vom
Ministerpräsidenten und dem Primas die hl. Krone aufs
Haupt gesetzt wird. Der König ist gekrönt, und auf die
Aufforderung des Ministerpräsidenten bricht die Versammlung
in begeisterte Jubelrufe aus, die erste Huldigung, die dem
gekrönten Könige und an geweihter Stätte dargebracht wird.

Gewehrsalven und das Feuer der Geschütze, Glockengeläute und die weihevollen Melodien einer schön und erhaben gefühlten Komposition markieren die einzelnen Momente des hl. Aktes.

Die Krönung Ihrer Majestät der Königin wird nach der Vorschrift des Ceremoniells vollzogen. Sie wird vom Primas dem alten Gebrauche gemäß mit dem hl. Öle gesalbt und die hl. Stephanskrone wird ihr vom Ministerpräsidenten und dem Bischofe von Weszprim über die rechte Schulter gehalten.

Das Hochamt ist zu Ende. Die Pforten der Kirche, in welcher sich soeben ein großer welthistorischer Akt vollzogen, öffnen sich wieder und der König begiebt sich zum Ritterschlage in die Garnisonskirche.

Die Schwurtribüne, auf welcher S. Majestät den Krönungseid ablegte, ist auf dem Pfarrhausplatze, ungefähr in der Mitte zwischen der Kirche und dem Ufer des Donaurandes in einem dem weihevollen Akt angemessenen Stil ausgeführt. Donnerndes Eljen empfing den König, der von den höchsten Würdenträgern der Kirche gefolgt, sich der Schwurtribüne näherte. Die Krone auf dem Haupte, den wohlerhaltenen, fast tausendjährigen Krönungsmantel um die Schultern und freundlich lächelnd, war S. Majestät das lebendige Bild eines befriedigten und beglückenden Königs. — An der Tribüne angelangt stieg S. Majestät vom Pferde und ging die Schwurtribüne hinan; der Fürstprimas, der Erzbischof Haynald und die Minister folgten dem Beispiele des Monarchen. Auf der Plattform der Tribüne angelangt, erhielt S. Majestät vom Primas das Kreuz und nahm es in die linke Hand, der Ministerpräsident reichte dem Kirchenfürsten die Eidesformel und S. Majestät erhob, mit dem Gesichte nach der Kirche gewendet, die Rechte, zwei Finger derselben ausstreckend. Atemlose Stille trat ein und nun begann das Oberhaupt der katholischen Kirche Ungarns die Eidesformel vorzulesen, die

von S. Majestät nachgesprochen wurde. Ungefähr in der
Mitte des Eides, unmittelbar nach der Stelle: „Die Rechte,
die Verfassung, die gesetzliche Unabhängigkeit und Territorial-
integrität Ungarns und der Nebenländer werden wir unverletzt aufrecht erhalten" — brach die große Menge, welche
Zeuge des erhabenen Schauspiels war, in einen lange an-
haltenden Sturm von Eljenrufen aus, der nach dem Schluß
der königlichen Eidesleistung sich wiederholte und solange
andauerte, als der über den Pfarrplatz hinziehende Zug er-
sichtlich blieb.

Der letzte bedeutungsvolle Akt der eigentlichen Krönungsfeierlichkeiten fand auf dem Franz Josephsplatze statt.
Der romantische Nimbus der um diesen ritterlichen Teil der
königlichen Funktionen schwebt, ließ eine noch größere Zahl
von Menschen diesem Platze zuströmen, als sonst auf dem
Wege des Zuges sich herbeigedrängt hatten. Das wunderbare
Panorama, das sich hier dem Auge entrollte, war würdig,
den Rahmen zu bilden für das Schlußmoment einer Königskrönung. In Gold und Farben, in Blätter- und Blumen-
schmuck strahlten rundum alle Gebäude, riesige Fahnen
hingen von den Dächern bis auf den Boden hinab, blau-
weißen *) und rot-weißen **) Aalen gleich wanden sich die
langen schmalen Wimpel der Masten im frischen Morgen-
winde, an ihren Querstangen hin und her lustig flatterten
die zahllosen Wimpel an den Ketten der Riesenbrücke, die
Ofen und Pest verbindet, und jenseits des Stromes waren
die Ofener Hügel kreuz und quer von bunten punktierten
Streifen überzogen, von Reihen harrender Zuschauer. Um
das viereckige Spalier her, welches Jäger und Artilleristen
um den „Krönungshügel" bildeten, wogte es Kopf an Kopf,

---

*) Bayerische Hausfarben der Kaiserin-Königin.
**) Habsburgische Hausfarben.

soweit das Auge reichte, bis tief in die Nebenstraßen hinein
von erwartungsvollen Volksmengen. Fenster und Tribünen
waren gefüllt mit festlich gekleideten Menschen, selbst hoch
oben auf den Dächern war es lebendig und regte und rührte
sich allenthalben. Gegen acht Uhr plötzlich, da blitzte es auf
der Höhe des Blocksberges, ein dumpfer Knall tönte von der
Citadelle herab, ein zweiter, ein dritter folgte, aufhorchte die
Volksmenge und als die Glocken sämtlicher Kirchen klar durch
die Lüfte niederklangen, ging ein dumpfes Gemurmel durch
die freudig erregten Tausende: „Der König ist gekrönt."
Stunden der Erwartung verflossen nun, bis sich um ³/₄11 Uhr
plötzlich lautes Eljenrufen vom Donauufer her vernehmen
ließ. Das Volk brachte begeisterten Gruß seiner gefeierten Königin, welche um diese Stunde vom festlich geschmückten Dampfer ans Pester Ufer trat. Einige Minuten
später erschien Ihre Majestät bereits auf dem prachtvoll geschmückten Balkon des Lloydgebäudes, in ihrer Begleitung die
kaiserlichen Kinder. Nun belebten sich auch die beiden Platt-
formen rechts und links von der königlichen Loge. Rechts
wogte eine Flut von schweren silber- und goldburchwirkten
Roben, von Diamanten übersäet strahlte und funkelte es dort
in blendender Pracht; das waren die Hofdamen der Königin.
Links wieder drängte sich eine kostbare Uniform an die andere,
scharlachrote Röcke mit Goldstickerei, federgeschmückte Claque-
hüte, breite Großkordons in allen Farben, goldgestickte Diplo-
matenfracks, ein ganzer Himmel von Sternen und Kreuzen
aller Länder; das waren die Gesandten. Noch einige Minuten
und blaue Husaren sprengten in kurzem Trab über die Brücke
daher, die Avantgarde des Krönungszuges. Ihnen nach in
unübersehbarer Folge die glänzenden Banderien der einzelnen
Komitate, die Magnaten und Minister, die Bischöfe und der
Kaiser und König. Donnernd brausten die Wogen der
begeisterten Eljenrufe die Reihen entlang, immer und immer

Die Krönung der Majestä
Aus dem Werke: „Die Österr

Franz Joseph I. und Elisabeth.
Ing. Monarchie in Wort und Bild".

sich erneuernd, als wollten sie gar kein Ende nehmen; die
Hüte flogen in die Luft, weiße Tücher wehten zu Zehn=
tausenden „Eljén a király" donnerte und donnerte es aber
und abermals himmelan; es war, als habe eine Wut der
Begeisterung die ganze Zuschauermenge unwiderstehlich er=
griffen. So lange währte der Zug, daß das Ende die Brücke
noch nicht verlassen hatte, als bereits die Tête desselben schon
wieder aus der Dorotheergasse herausdefilierte. Der Zug
umkreiste nun den Krönungshügel und postierte sich an der
inneren Seite der Spaliere in dichtgeschlossenen Reihen. Da
standen die sonngebräunten Jazygier in ihren prächtigen
Marderpelzen, da die dunkelblau gekleideten Groß= und
Kleincumanier, da schimmerte das lichte Blau und das
weiße Pelzwerk des Pester Banderiums, dann kam eine
Gruppe goldgelber Seibenattilas mit kornblauen Mentes
(Überwurf) dann wieder Dunkelgrün mit Gold, dann Schar=
lach mit Gold, dann Reihen von Pantherfellen, Tigerfellen,
Wolfspelzen, darüber hin wehten kostbare gestickte Banner in
allen Farben, mitunter Jahrhunderte alt, endlose Reihen
weißer, schwarzer, brauner und grauer Pelzkalpaks mit fuß=
hohen, wallenden Reiherbüschen schwankten hoch in der Luft,
wenn die feurigen Rosse in ihrer blitzenden Schirrung von
Goldnetzen, Franzen, Quasten, Wappen und Schnüren unge=
buldig die Beine hoben. Diesen schlossen sich an gegen das
Lloydgebäude hin die Truchsesse, Kämmerer, Magnaten und
Ordensritter in solcher Anzahl und mit einem so unbeschreib=
lichen Aufwande von Pracht, Luxus und Geschmack, wie ihn
unsere Generation noch niemals erblickt hat.

Da plötzlich donnerten wiederum Kanonenschüsse von der
Citadelle herab, wieder wogten und schwankten die Häupter
der vielen Tausende, wieder lief ein Gemurmel durch die
Menge: „Der König hat geschworen." Um ¹/₂12 Uhr endlich
waren auch die übrigen Teile des Zuges auf den Platz

zurückgelangt, die Erzherzoge, kaiserlichen Hoheiten, in ihren
Parade-Generalsuniformen, die Bischöfe und Erzbischöfe auf
prachtvollen, wunderbar geschirrten Zeltern, die weißen, goldig-
glänzenden Mitren auf dem Haupte, die weiten weißen, gelben
und violetten goldburchwirkten Mäntel lang hinabwallend über
die Kruppe der Pferde, dazu die Bannerträger der Komitate,
die Minister in voller Gala, auch Freiherr von Beust im
Uniform-Frack, Brust und Schöße mit Goldstickerei ganz bedeckt, die weißen Beinkleider mit breiten Goldstreifen, um den
Hals eine große Ordenskette gleichfalls hoch zu Roß; sie alle
postierten sich in Gruppen um den Hügel her.

Und von den Gruppen ab detachierte sich urplötz-
lich ein Reiter auf schneeweißem Roß. Ungeheurer
Jubel des Volkes erschütterte die Luft; der Reiter wandte das
Roß gegen den Hügel hin, Mähne und Schweif des edlen
Tieres wallten reich zurück in der raschen Bewegung, goldig
flutete die lang hinabreichende Decke des Rosses nach. Und
hinan sprengte der Reiter die steile Höhe. Hoch über
dem ganzen Platze, über dem ganzen Gewühl von Gold und
Sammet, von Seide und Atlas, von Reiherbüschen und stolzen
Ritterhelmen überall die irdische Größe unter ihm, hoch erhaben stand er da. Das Gold seines Mantels schimmerte
mild am blaugrauen Himmel, die Krone Ungarns funkelte
auf seinem Haupte und aus der Scheide ließ er
schwirren das breite Schwert des hl. Stephan. Hoch
blißte es auf in seiner erhobenen Faust und der gesalbte
Arm führte mit männlicher Kraft die vier Hiebe nach den
vier Gegenden der Welt. Und nun kannte die Begeisterung
des Volkes keine Grenzen mehr. Ununterbrochen dröhnten
die stürmischen Eljenrufe dem geliebten Monarchen zu. Es
schien, als könnte die Menge nicht müde werden, ihm Heil!
Heil! zuzurufen, denn lange schon war der König den Hügel
wieder hinabgeritten, (abermals auf der Seite gegen das

Lloydgebäude hin) lange schon hatte er die Kettenbrücke wieder passiert und ritt den Festungsberg hinan, als die Donner der begeisterten Zurufe ihm noch unvermindert, ungeschwächt nachhallten. Zuletzt konnte sich die Menge gar nicht mehr bemeistern, der Drang, den Monarchen noch einmal zu sehen, siegte über die musterhafte Manneszucht, welche ohne jede energische Ermahnung bisher fortwährend geherrscht hatte und als das Volk sah, daß einige Offiziere und Magnaten den Krönungshügel hinaneilten, durchbrach es mit einem Male die Spaliere, nahm den Hügel und sandte von der Höhe desselben die letzten Grüße dem allgefeierten geliebten Könige Franz Joseph nach.

Das symbolische Krönungsmahl verlief nach der im Ceremoniell vorgesehenen Weise. Nach erfolgter Meldung von seiten des Obersthofmeisters verfügten sich Ihre Majestäten in den Saal, wo sodann das Mahl serviert wurde. Die Speisen blieben jedoch völlig unberührt, und nur vom Weine genoß das Königspaar. Seine Majestät der König erhob sich, den gefüllten Pokal in der Hand und brachte mit den Worten: „Eljen a haza!" ein Hoch dem Vaterlande dar. Die Speisen wurden dreimal gewechselt. Die beiden ersten Male durch eine Deputation der beiden Häuser des Reichstages, das dritte Mal durch die Truchsesse. Im Saale waren drei Logen errichtet, die eine für das diplomatische Corps, die mittlere für die Prinzen des kaiserlichen Hauses und eine dritte für die nicht Dienst thuenden Hofdamen.

Zu „golbenen Rittern" erhielten von S. Majestät dem Kaiser und König Franz Joseph I. mit dem Stephansschwerte unter Assistenz des Grafen Festetics und des Herrn von Mailath den Ritterschlag die adeligen Herren: Vincenz von Almassy, Geiza Baron Apor, Georg Graf Banffy, Andreas Graf Eßterhazy, Timotheus von Fridetzky, Landtagsdeputierter, Augustin von Hußar, Koloman von Karbos, Landtagsdepu-

13*

tierter, Albin von Latinovics, k. k. Kämmerer, Alexander Graf Lazansky, Dionys Baron Mednyanski, k. k. Kämmerer, Stephan von Melczer, von Kelemes, geh. Rat und k. Personal, Koloman Graf Nako, k. k. Kämmerer, Johann Nemeth von Demeter, Grundbesitzer, Eugen Baron Nyary, k. k. Kämmerer, Gabriel Graf Pejacsevics, k. k. Kämmerer, Alexander von Revitzky Hofsekretär, Ludwig von Semsey, k. k. Kämmerer, Bernhard Szitanyi von Szitan Landtagsabgeordneter, Alexander Graf Teleki, Ladislaus von Torkos, Ministerialsekretär, Johann von Victoris, Landtagsdeputierter, Jakob von Vojnics, Grundbesitzer.

Ein prachtvolles Gemälde, im Besitze der Kaiserin-Königin, das die Repräsentationsräume der eben durch die Gnade S. Majestät in bedeutender Erweiterung befindlichen stolzen Königsburg zu Ofen schmückt, verewigt den Moment der Kirchenfeierlichkeit und entzückt den Beschauer durch die stimmungsvolle Darstellung, durch das herrliche Kolorit, die historische Treue und namentlich die hohe Porträtähnlichkeit der erhabenen Majestäten und der an dem hl. Akte zunächst beteiligten Funktionäre. Besonders lebendig ist die Gestalt des das Eljen auf das gekrönte Herrscherpaar ausbringenden Ministerpräsidenten und Palatins-Stellvertreter, Grafen Andrassy dargestellt.

Bei der Betrachtung dieses Bildes werden wir daran gemahnt die schönen Verse in einem Gedichte Petöfys auf die eben gekrönte Königin anzuwenden,

> Daß Du bezauberst wer sieht Deine Wohlgestalt
> Daß jeder Ungar Dir Dein Herz zum Aufenthalt
> Darbeut für alle Zeit.

Ihre Majestät die Kaiserin-Königin hat die Silberstoffrobe und den Schleier, welchen sie bei der Krönung getragen dem Weszprimer Bischofe übergeben, damit er, als dem alten Herkommen gemäß ganz besonders beteiligter Funktionär

bei der Krönung der Königinnen von Ungarn, diese Gegen=
stände im Dome zu Weszprim zum ewigen Andenken aufbe=
wahre.

Am 12. Juni empfing der Kaiser und König die Depu=
tation der Magnaten= und Deputiertentafel zur Entgegennahme
des alleruntertänigsten Dankes für die anläßlich der Krönung
ausgesprochene Amnestie, die den im Auslande weilenden Ver=
bannten unter der Bedingung des Treugelöbnisses für den ge=
krönten König die Rückkehr in die Heimat ermöglichte, sowie
für die großmütige Widmung des Krönungsgeschenkes der
Nation das, im Betrage von 50000 Stück Dukaten, S. Maje=
stät in Seinem und im Namen der Kaiserin=Königin zur
Gründung einer „Honvédstiftung" für Witwen und Waisen
der Aufständischen von 1848 und 1849 und zur Versorgung
der Invaliden der damaligen ungarischen Armee bestimmte.
Am selben Abende erfolgte die Abreise der Majestäten und
der übrigen Mitglieder des allerh. Kaiserhauses nach Wien;
Ihre Majestät war durch den auch im Momente des Ab=
schiedes zum allgemeinen Ausdrucke gelangten Enthusiasmus
der Bevölkerung zu Thränen gerührt.

Die Stände von Ungarn hatten ihrem Königspaare das
prächtige Schloß Gödöllö bei Pest zum Krönungsgeschenke
gemacht, der Kaiser und die Kaiserin, die nun fast alljährlich
diesen herrlichen Besitz zu längerem oder kürzeren Aufenthalte
wählen, sind auch hier zu den größten Wohlthätern der ganzen
Umgegend geworden und man erzählt auch von hier so manche
Beispiele von Königsgüte und Volksliebe, von der bekannten
herzlichen Leutseligkeit, mit der die Majestäten auch hier mit
dem Niedersten aus dem Volke zu verkehren pflegen, von
der originellen Weise, wie sich Bäuerlein und Bäuerin den in
der Umgebung des Schlosses wandelnden allerh. Herrschaften
zutraulich nahen und oft erst nach der Entfernung des
Königs oder der Königin ahnend inne werden, wer sich so

lieb zu ihnen herabgelassen, so herzengewinnend zu ihnen gesprochen.

In dem schönen, in den letzten Dezennien mehrfachen Ver-
änderungen unterzogenen, anheimelnden Schlosse sind die
Appartements von Kaiser und Kaiserin in jenem vornehm einfachen Stile eingerichtet, der alle Entitäten des kaiserlichen
Hofes auszeichnet.

In dem Hofraume der Stallgebäude hat der bekannte
Wiener Tiermaler Wilhelm Richter die Rückkehr der Kaiserin
von einem Ausritte (1873) ins Auge gefaßt, und ein Genre-
bild von vollendeter Schöne geschaffen, das mit meisterhaftem
Pinsel den Moment festhält, da Ihre Majestät dem Schlosse
zuschreitend ihrem Lieblingspferde Brot reicht, während ringsum von den Bediensteten andere Pferde, eines prächtiger
und schöner als das andere, am Zügel gehalten werden.

Die weiten herrlichen Forste von Gödöllö sie sahen, seitdem die Majestäten mit Vorliebe auf diesem Lustschlosse
weilen, große Jagdfeste sich entwickeln und namentlich zählten
die Fuchsjagden daselbst durch Jahre hin zu den vornehm-
lichsten Vergnügungen des Hofes.

In den letzten Jahren aber werden bekanntlich von Ihrer
Majestät der Kaiserin-Königin die meist stundenlangen Fuß-
touren in den Wäldern der Umgebung von Gödöllö vorgezogen.

Aber nicht allein Schloß Gödöllö ward seit der Krönung
von den Majestäten mit Vorliebe aufgesucht, auch die Königsburg zu Ofen, wird seitdem oft und oft zum allerh. Hoflager gewählt, wo Ungarns Sprache und Litteratur durch
die besondere Neigung der geistvollen kunstsinnigen Kaiserin-
Königin für dieselbe seither gar mächtige Förderung erfuhr und
wiederholt auch Ungarns weltbekannter Dichter Maurus Jókaj
Worte huldvollster Anerkennung der Majestäten gefunden.

Am 22. April 1868 war der für Ungarn so hochwichtige

Eine Fuchsjagd der Majestäten
Aus dem Werke: „Die Oste

nz Joseph I. und Elisabeth in Gödöllő.
lng "Monarchie in Wort und Bild".

Tag, an welchem der Himmel dem gekrönten Herrscherpaare die jüngste Tochter schenkte, die geliebte Erzherzogin **Marie Valerie** und der Geburtsort war — die **Königsburg in Ofen**; nach drei Jahrhunderten wieder ein Sprößling regierender Majestäten aus dem Hause Habsburg auf ungarischen Boden geboren!

Als die Prinzessin heranwuchs sollte denn auch ein **Ungar** der Erzieher dieses geistvollen Fürstenkindes werden, das heute gleich der kaiserlichen Mutter eine hohe Verehrerin Heinrich Heines, ihrem gleich lieben Schriftsteller Viktor Scheffel aus dem reichen Borne ihres hohen poetischen Sinnes innig=empfundene Klänge als „Dank an Scheffel" gewidmet hat und zur Patronesse des „Scheffelbundes" geworden.

Der zum Amte eines Erziehers der durchlauchtigsten Frau Erzherzogin Marie Valerie ausersehen gewesene Ungar war der gelehrte Bischof Ronay in Preßburg.

Im Jahre 1872 — so lesen wir im „Buche unserer Kaisertochter"*) — war er in Salzburg von der Kaiserin in Audienz empfangen worden, welcher er seine Ansichten über Erziehung entwickelte. Als er wenige Monate später aber=mals zur Monarchin berufen wurde, sagte ihm die hohe Frau u. a.: „Ich will nicht das bisherige System befolgen und die Erziehung, sowie den Unterricht meiner Tochter nicht vielen Lehrern anvertrauen, sondern nur einem, und dazu habe ich Sie ausersehen. Sie billigen diesen Erziehungsplan, ich erinnere mich noch der Äußerungen, die Sie in Salzburg gethan haben. Es werden bei Marie Valerie englische, fran=zösische, deutsche Frauen sein, aber mit der Erziehung und dem Unterrichte will ich Sie betrauen. Ich wünsche, daß der Unterricht in ungarischer Sprache geführt werde, namentlich der Religionsunterricht. Ich bete mit meinem Kinde täglich

---

*) Von H. Penn, Brünn 1889. p. 3 ff.

ungarisch. Wir alle haben im Leben die Tröstungen der Religion sehr nötig."

Ronay führte den Unterricht vom Jahre 1875 bis 1883 fort; in jedem Jahre erteilte er an 400 Unterrichtsstunden. Die Kaiserin folgte mit lebhaftestem Interesse den Fort= schritten ihrer Tochter und erschien täglich in der Kammer der Erzherzogin, wo sie das Frühstück nahm und dem Unter= richte beiwohnte. Aber auch der kaiserliche Vater überwachte mit großer Sorge die Erziehung und den Unterricht seiner Tochter. Bischof Ronay erzählt in seinem Memoirenwerke, daß der Monarch häufig die Lehrstunden der kleinen Prinzessin besucht, sich selbst von ihren Fortschritten überzeugt und mit wahr= haft väterlicher Freude ihren klugen Antworten gelauscht habe. Ronay rühmt seiner Schülerin eine überaus rasche und leichte Darstellungsgabe nach; schon in den ersten Lebensjahren be= kundete sich ihr munterer Geist, ihre rege Schaffensfreudigkeit. Sie lernte leicht und schnell, und ihr Lehrer versicherte, daß sie mit zehn Jahren bereits eine Fassungskraft bekundete, die oft vierzehnjährigen Mädchen kaum zu eigen ist. Ronays Ent= hebung vom Amte des Erziehers der Erzherzogin erfolgte am 29. Mai 1883 unter großen Auszeichnungen. Mit rührender dankender Anhänglichkeit gedachte die erlauchte Schülerin all= zeit der Wirksamkeit ihres ehemaligen Lehrers. Sowohl die hohe kaiserliche Frau wie auch Erzherzogin Marie Valerie standen in einem ununterbrochenen Briefwechsel mit Ronay und ließen keine Gelegenheit vorübergehen, ohne ihm die schmeichelhaftesten Aufmerksamkeiten zu erweisen. Sehr oft, wenn die allerhöchsten Herrschaften Preßburg passierten, wurde Ronay hiervon telegraphisch verständigt und ersucht auf dem Bahnhofe zu erscheinen. Als Bischof Ronay einmal schwer erkrankt war, ließ Ihre Majestät den Hofzug halten und fuhr, begleitet von der Erzherzogin Marie Valerie, in einem Fiaker zu Ronay, bei dem sie nun über eine Stunde ver=

weilten. Als sich der Zustand des Kranken verschlimmerte, wurden brieflich oder telegraphisch Erkundigungen über sein Befinden eingezogen. Die Wohnung Ronays in der Kapitel= gasse zu Preßburg war ein wahres Tusculum, angefüllt mit vielen sinnreichen und kostbaren Andenken, Zeugen des Wohl= wollens, welches Ronay seitens der allerh. Familie entgegen= gebracht wurde; unter diesen Andenken auch der mehrere Seiten lange Brief der Erzherzogin in ungarischer Sprache, unterzeichnet: „Ihre dankbare Schülerin Valerie." Am 19. März 1889 erhielt Ronay als letztes derartiges Liebes= zeichen eine mit einer eigenhändigen Widmung versehene Photographie, welche die Erzherzogin Marie Valerie mit ihrem erlauchten Bräutigam und gegenwärtigen innigst= geliebten Gemahl dem Erzherzog Franz Salvator darstellte. Bekanntlich ging bald darauf Bischof Ronay mit Tod ab; es sollte ihm nicht mehr gegönnt sein, die Vermählung seiner erlauchten Schülerin zu erleben, die am 31. Juli 1890 in Ischl stattgefunden.

Wie des Erziehers, so blieb Erzherzogin Marie Valerie immer auch ihrer Milchschwester der Mariska Juhasz aus Aszob wohl eingedenk und erwies sich ihr stets freundlich ge= neigt, insbesondere als die Nachricht von deren Verlobung zu ihrer Kenntnis gekommen. Auf die ziemlich originelle Zuschrift Mariskas kam dann nach Aßob von der liebens= würdigen Erzherzogin Marie Valerie ein herziger Glückwunsch mit der Versicherung, daß ihr das Wohl der braven Milch= schwester auch ferner am Herzen liegen werde.*)

In den häufigen Aufenthalt der Majestäten in Ungarn, in die Mitte der 70er Jahre, fiel aber auch das Krone und Reich tief ergreifende Ereignis des Hinscheidens jenes hervor= ragenden ungarischen Patrioten, dem die Nation nächst

---

*) Penn l. c. p. 20 ff.

Sr. Majestät dem Kaiser und Könige Franz Joseph I. die Schaffung des „Ausgleiches" und die Krönung des Monarchen zu danken hat, der Tod von Franz Deák († 28. Jänner 1876) des Mannes von antiker Seelengröße, an dessen Sarge — die Königin geweint, welches erhebende Moment der ungarische Maler Zichy in einem herrlichen Bilde genialster Auffassung der Nachwelt bewahrt hat.

„Es gab einen Lohn — sagt Anton Csengery*) in seiner Gedächtnisrede auf Deák in der k. ung. Akademie der Wissenschaften — den Franz Deák annahm, einen Lohn, den er — außer jenen, den ihm sein eigenes Bewußtsein verlieh, — über alles schätzte, weil er ein Schatz war, der seiner Nation Zins trug. Dieser Lohn, dieser Schatz ist des gekrönten Königs fortwährendes unbedingtes Ver- trauen! Ihre Majestäten der König und unsere Königin erfüllten getreulich den Wunsch des großen Mannes, sie legten die ersten Kränze auf die Bahre, welche die Nation, welche die gebildete Menschheit umstand!

Schweres Leid traf in Bezug auf das Reich aber auch die edlen Herzen des Herrscherpaares als das schreckliche Elemen= tarereignis der Überschwemmung über das blühende Bürger= heim Szegedins hereingebrochen — in der Nacht vom 12. auf den 13. März 1879 — auf dessen Kunde der gütige Monarch alsbald an die Unglücksstätte eilte und die Ver= zweifelnden aufrichtete und mit den durch seine Hilfe raschest zur That gewordenen Worten tröstete: „Szegedin wird schöner auferstehen, als es je gewesen."

Nachdem Kaiser Franz Joseph mit seinem erhabenen Bei= spiele zur Rettung durch eine in eigenem und im Namen der Kaiserin=Königin gespendeten hohen Summe wie immer und

---

*) Franz Deák von A. Csengery. Deutsch von Heinrich, Leipzig 1877 p. 180 f.

überall so auch hier in der Hilfeleistung vorangegangen, strömten aus dem ganzen großen Österreich-Ungarn die milden Gaben zur Unterstützung der Bedrängten Szegebins zahlreich herbei, wir sehen z. B. die Direktion der krainischen Sparkasse in Laibach noch aus Anlaß der silbernen Hochzeitsfeier der Majestäten und im Sinne der ausgesprochenen Intention Sr. Majestät, das hohe Familienfest durch Wohlthaten zu feiern, zur Unterstützung der verunglückten Bewohner Szege-bins einen ansehnlichen Beitrag darbringen.

Die silberne Hochzeitsfeier der Majestäten, welche das leitende englische Blatt die „Times," als ein wahres Familienfest nicht bloß für die Mitglieder des kais. Hauses, sondern für die ganze Bevölkerung bezeichneten da die Prüfungen, welche das Kaiserhaus zu bestehen gehabt dazu beigetragen haben, die Bande zwischen der Dynastie und dem Volke von neuem zu befestigen, so daß jedes Königreich, jedes Herzogtum, jede Nationalität im Kaisertum in dem Monarchen die Repräsentation seiner eigenen Individualität erblickt, die silberne Hochzeitsfeier der Majestäten, obgleich sie sich räumlich nur in dem entzückenden Rahmen der unter der, Kunst und Wissenschaft so mächtig fördernden, Regierung Kaiser Franz Joseph I. so herrlich verjüngten, vergrößerten und verschönten mit so zahlreichen Monumentalbauten neugeschmückten Residenzstadt abspielte, zu welch' schönstem Jubeltage in Wiens Mauern außer den gewählten Deputationen aus beiden Reichs-hälften die Bewohner Österreich-Ungarns selbst massenhaft herbeigeströmt waren, um dem gefeierten, geliebten Herrscher-paare dankerfüllt die Huldigung darzubringen und an der im farbenprächtigen Festzuge der Stadt Wien die reichgeschmückte Ringstraße entlang und angesichts der Väterburg der Habs-burger vollendet zum Ausdrucke gebrachten öffentlichen Huldigung mit staunendem Auge und hochpochendem Herzschlage jubelnd teil zu nehmen, die silberne Hochzeitsfeier der Maje-

stäten, sie fand bis in die fernsten Reichsteile, und wie bis
an die tiefst unten gelegenen Gestabe der Abria so auch bis
in die letzten Hütten der Karpathen bis in die abgelegensten
Pußten ihr freudigstes Echo! Die ungarischen Blätter, als
Stimmen der öffentlichen Meinung jenseits der Leitha, sie
waren eines Sinnes in dem Ausdrucke des Hochgefühls Namens
der Nation. Ellenör rief aus: „Eine glücklichere Ära als
die, welche Franz Joseph im Jahre 1867 für Ungarn inau=
gurierte, wurde nie für die Nation eröffnet. Er verdient
den Namen des Großen." „Hon" schrieb: „Unser König ist
ein populärer König, unsere Königin eine populäre Königin,
um welche sich eine große Familie von 30 Millionen in
wahrer Liebe und Anhänglichkeit schart."

Und bei den einzelnen Momenten der Feier selbst
war das Reich der hl. Stephanskrone durch seine ansehnlichsten
und hervorragendsten Persönlichkeiten vertreten, sowohl bei
der Einweihung der Votivkirche am Gedächtnistage selbst
— eine so glänzende kirchliche Feier, wie Wien sich nicht erinnerte
je eine gesehen zu haben — beim Festzuge, bei der
Huldigung durch die Deputationen des ungarischen
Abels, der beiden Häuser des ungarischen Reichstages
und der Hauptstadt Buda=Pest, bei der großen Empfangs=
soiree bei Hofe, wie bei der vom Minister des Äußern
Grafen Andrassy in seinem Hotel auf dem Ballplatze ge=
gebenen Soirée — überall erglänzte neben dem reichen
Ordensschmucke aller Staaten, den goldgestickten Hof= und
Staatskleidern, den blinkenden Uniformen der k. u. k. Offiziere,
der vornehm schönen Nationaltracht des polnischen Hochadels,
den roten und violetten Soutanen der Bischöfe aus allen
Teilen des Reiches, der orientalischen Gewandung der Abge=
sandten aus dem, seither durch eines Ungarn, des Reichs=
finanzministers von Kállay zielbewußtes Wirken so tüchtig
entwickelten Okkupationsgebiete von Bosnien und der Herze=

gowina, in strahlendstem Glanze die traditionelle Pracht der
ungarischen Nationalkostüme!

S. Majestät der Kaiser und König, Allerhöchstwelcher
immer und bei jedem Anlasse auf die Übung von Wohlthaten
das Hauptgewicht legt, ging auch aus Anlaß der selten schönen
Feier Seiner silbernen Hochzeit allen im weiten Reiche deshalb
vorgenommenen Stiftungen und Akten der Wohlthätigkeit mit
dem erhabendsten Beispiele voraus in der Stiftung der Franz
Joseph und Elisabeth Goldstipendien 40 à 300 fl. für die
Studierenden an den Universitäten, 20 Freiplätze an den
Offizierstöchterinstituten in Wien und Oedenburg, 10 Frei=
plätze im Militärwaisenhaus zu Fischau; von den Universi=
tätsstipendien entfallen je 7 für Wien und Budapest, 5 für
Prag, je 3 für Graz, Innsbruck, Krakau, Lemberg, Czernowitz,
Klausenburg und Agram, im ganzen 13 auf die Länder
der ungarischen Krone.

Die selten schöne Feier der silbernen Hochzeit der
Majestäten in Wien, sie erhielt wenige Tage später einen
spontanen Epilog in Budapest. Als die Majestäten in
Begleitung der Erzherzogin Gisela und deren Gemahls des
Herzogs Leopold von Bayern am 3. Mai in den Budapester
Bahnhof einfuhren, da ereignete sich eine Scene, die einen über=
wältigenden Eindruck machte. Die Menge drängte an den
Zug, als wollte jeder Einzelne zuerst des Anblickes des Jubel=
paares teilhaftig werden. Die Thüren der Waggons öffneten
sich, ein Eifensturm durchbrauste die Halle und ein Schauer
von Blumensträußen flog sofort in das Innere der Wagen,
die Kaiserin, ihre Tochter Gisela, sowie den Kaiser und den
Prinzen von Bayern wie mit einer Wolke umhüllend. Als
der Kaiser dem Ministerpräsidenten Tisza die Hand reichte,
war Er — wie der Berichterstatter des „Pester Lloyd" schreibt
— im Nu von ihm getrennt und von der Menge im Sturm
der Begeisterung sans phrase auf den Händen in die Halle

getragen. Das war kein offizieller Empfang, das war ein
Familienfest, da sprach das Herz des Volkes und daß das
Kaiserpaar diese Sprache verstand, war deutlich in seinen
freudestrahlenden glücklich zufriedenen Mienen zu lesen. Die
Gemahlin des Oberbürgermeisters Frau von Ráth bot der
Kaiserin Namens der Frauen der Hauptstadt ein prachtvolles
Bouquet aus frischen Rosen, Kamelien und Veilchen. Bei
der Fahrt der Majestäten durch die Stadt manifestierte sich
Liebe und Verehrung Schritt zu Schritt in rührendster
Weise.

Wie stets in Freud und Leib das ritterliche Volk der
Ungarn mit dem Herrscherhause sich eins fühlt und diesem
Gefühle in lebhaftester Weise Ausdruck gegeben hat und giebt,
so hat auch beim Tode unseres unvergeßlichen Kronprinzen
S. k. u. k. Hoheit des durchlauchtigsten Herrn Erzherzog Rudolph,
dem das ewige schmerzerfüllte Gedenken der liebenden Seinen wie
der treuen, durch sein Scheiden tiefstbetroffenen Völker Österreich-
Ungarns gesichert bleibt und zu dem die getreue Freundschaft
Er. Majestät des deutschen Kaisers und Königs Wilhelm II.
alljährlich durch den Gedenkstrauß auf seinen Sarg die innigste
Sprache spricht, feurigst mitfühlend das Volk von Ungarn die
Beweise trauernbster Teilnahme in dem unendlichen Weh
aller, vorab der erlauchten Eltern, des geliebten Königspaares,
geliefert, und war schier unerschöpflich in der Kundgebung
derselben!

Wie zogen da an dem geistigen Auge der getreuen Un=
garn die herrlichen Bilder noch einmal vorüber, als der
Teure an der Seite die jugendliche, schöne Gemahlin Ihre
k. u. k. Hoheit die durchlauchtigste Frau Kronprinzessin
Stephanie die erste Fahrt durch das Ungarland unternommen,
überall umjubelt von der Liebe der Nation, die in ihm den
geistvollen Königssohn, den hohen Freund und Protektor nicht
allein, auch den getreuen Schilderer der herrlichen Natur des

schönen Heimatlandes, den seinem kaiserlichen Vater eben=
bürtigen gerechten Weidmann bewunderte und verehrte!
Und die durchlauchtigste kunstsinnige Frau Kronprinzessin
Stephanie, die in hochherziger Weise das Protektorat über
das monumentale vom Höchstseligen Kronprinzen begründete
Werk: „Die österreichisch=ungarische Monarchie in Wort und
Bild" an höchstdessen Stelle übernommen, wie nahe war sie
durch ihre Geburt schon dem Herzen des Ungarvolkes, als
die Tochter der kunstsinnigen Herrscherin im fernen Belgien,
Ihrer Majestät der Königin Marie Henriette, die als
die Tochter des unvergeßlichen Palatin Erzherzog Joseph in
Ungarn ihre Jugend verlebte, wo die erstgeborenen Kinder
des Palatins Ihre k. k. Hoheit die durchl. Frau Erzherzogin
Elisabeth, Mutter Ihrer Majestät der gegenwärtigen Königin
Marie Christine von Spanien und S. k. u. k. Hoheit der
durchlauchtigste Herr Erzherzog Joseph, das Licht der Welt
erblickt haben.

S. k. u. k. Hoheit der durchlauchtigste Erzherzog Joseph,
der gegenwärtige Oberkommandant der k. ung. Landwehr weilt
bekanntlich jahraus jahrein im Ungarlande, zugleich neben
seiner amtlichen Thätigkeit als Förderer der ungarischen
Sprachwissenschaft und Kulturgeschichte eifrigst thätig, ihm
zur Seite die geistvolle kunstsinnige Gemahlin Ihre k. u. k.
Hoheit die durchlauchtigste Frau Erzherzogin Clotilde geborene
Prinzessin von Sachsen=Koburg und Gotha, deren hervor=
ragendem Talente als Zeichnerin der ungarische Teil des
monumentalen Kronprinzenwerkes: „Die österreichisch=ungarische
Monarchie in Wort und Bild" die stimmungsvollsten Zeich=
nungen aus dem erzherzoglichen Parke von Alcsuth verdankt,
deren eines auch wir in der glücklichen Lage sind, den freund=
lichen Lesern dieses Buches vor Augen zu führen.

In Alcsuth erblickten das Licht der Welt die beiden
Söhne des erzherzoglichen Paares S. k. k. Hoheit der durch=

Im Park zu Alcuth.

Aus dem Werke: Die Öftr.-Ungarische Monarchie in Wort und Bild.

lauchtigfte Herr Erzherzog Joſeph Auguſtin, Gemahl der
Enkelin Ihrer Majeſtäten des Kaiſers und Königs Franz Joſeph
und der Kaiſerin-Königin Eliſabeth, der Prinzeſſin Auguſte

von Bayern, Tochter des Herzogs Leopold von Bayern und der Herzogin Gisela, Erzherzogin von Österreich, dann der allzufrüh durch den Tod entrissene, weil. S. k. k. Hoheit Erzherzog Ladislaus und Ihre k. u. k. Hoheiten die durchl. Erzherzoginnen Marie Dorethea, Margarete Clementine und Elisabeth Clotilde, während die letztgeborene Tochter Ihre k. k. Hoheit Erzherzogin Clotilde Marie in Fiume geboren wurde.

Zu temporärem Aufenthalte für längere oder kürzere Zeit weilen, da und dort, in Ungarn Ihre k. u. k. Hoheit die durchlauchtigste Frau Erzherzogin Maria Theresia, die kunstsinnige Gemahlin S. k. u. k. Hoheit des durchlauchtigsten Herrn Erzherzog Karl Ludwig, die erhabene Protektorin der Amateurphotographie und selbst Meisterin auf diesem kunsttechnischen Gebiete, zugleich eine ausgezeichnete Förderin der Touristik in der prächtigen oberungarischen Gebirgswelt, die die hohe Frau bei wiederholten Besuchen der ungarischen Besitzungen Ihres durchlauchtigsten Gemahls, des gefeierten Protektors der österr.-ungar. Touristik kennen gelernt. Seit kurzem weilt zu Oedenburg Ihre k. und k. Hoheit die aus dem hochbefreundeten sächsischen Königshause stammende, huldreiche, durchlauchtigste Frau Erzherzogin Maria Josepha mit ihrem Gemahl Sr. k. und k. Hoheit dem durchlauchtigsten Herrn Erzherzog Otto, Oberst und Kommandant des k. und k. 9. Husarenregiments mit dem historischen Namen des FM. Franz Leopold Grafen Nádasdy auf Fogaras. Es weilen in Ungarns alter Krönungsstadt Preßburg schon seit einer Reihe von Jahren Ihre k. k. Hoheit Erzherzogin Isabella geb. Prinzessin von Croy-Dülmen, mit ihrem Gemahl S. k. k. Hoheit dem durchl. Herrn FZM. und Korpskommandanten Erzherzog Friedrich, Enkel des Palatin Joseph, Neffen S. k. k. Hoheit, weil. des FM. Erzherzog Albrecht und Erben auf dessen ausgedehnten Herrschaftskomplexe in Ungarn, welches erz-

herzogliche Paar der Himmel mit sieben Prinzessinnen be=
schenkte, deren Wiege zumeist in Preßburg gestanden. Im
Reiche der hl. Stephanskrone weilen auch Ihre k. k. Hoheit
Erzherzogin Blanca geb. Prinzessin von Bourbon, Gemahlin
S. k. k. Hoheit des durchl. Herrn Erzherzog Leopold von
Toskana (in Agram), Ihre k. k. Hoheit, die als Malerin in
weiteren Kreisen bekannte Erzherzogin Maria Theresia mit
ihrem Gemahl S. k. k. Hoheit des durchl. Herrn Erzherzog Karl
Stephan ab und zu in Fiume und Ihre k. Hoheit Prinzessin
Louise von Sachsen=Koburg=Gotha, geborene Prinzessin von
Belgien, die geistvolle Schwester Ihrer k. k. Hoheit der Frau
Kronprinzessin=Witwe Erzherzogin Stephanie, mit ihrem Gemahl
S. k. Hoheit des Prinzen Philipp von Sachsen=Koburg=Gotha
auf den herrlichen, forstreichen ehemals Koharyschen Besitz=
ungen, die dem Prinzenpaare in Ungarn zu eigen.

Auf ihrer schönen, reizenden „Villa Giuseppe" in
Fiume empfingen kürzlich erst Ihre k. k. Hoheiten Erzherzog
Joseph nnd Erzherzogin Clotilde den Besuch des erlauchten
Königspaares von Rumänien, Se. Majestät des Königs Carl I.
und der Königin Elisabeth — der gefeierten Dichterin Carmen
Sylva — die aus ihrem Wintersejour im benachbarten „Abbazia"
herübergekommen waren, bei welchem Besuche König Carl dem
unter der Fürsorge der ungarischen Regierung so mächtig
aufstrebenden Fiume, dessen großartige Hafenbauten und
anderen Sehenswürdigkeiten unter Führung des Gouverneurs
Grafen Batthyany besichtigend, eine große Zukunft prophezeite.
Während dieser Besichtigung verweilte Ihre Majestät die
Königin von Rumänien im Kreise der erzherzoglichen Familie,
wohin dann auch Se. Majestät der König zurückkehrte.

Alle die durchlauchtigsten Fürstinnen des Hauses Habsburg
in Ungarn, sie herrschen und walten auch daselbst in der traditio=
nellen Übung des allerhöchsten Kaiserhauses als coeurs d'ange im
unermüdlichen, segenspendenden Wirken, gefeiert und geliebt

von allen und jeden, die je in die Lage versetzt sind, einer und
der andern dieser hohen Frauen zu nahen.

Und so wird bei der selten schönen Huldigungsfeier, die
am 8. Juni d. J. den Flor der durchlauchtigsten Frauen in
der Königsburg zu Ofen im strahlenden Glanze der in liebens-
würdiger Pietät gewählten ungarischen Nationaltracht vereint
finden wird, der Dank des getreuen Ungarvolkes wie zunächst
der erhabenen Trägerin der Krone des hl. Stephan, der angebeteten Kaiserin-Königin Elisabeth, allen vereint gelten,
der Dank für all das Gute und Große, das da geschaffen
worden von den Fürstinnen des Hauses Habsburg in Ungarn!

\*    \*
\*

Möge Ungarns Glücksstern leuchten über der erhebenden
Feier, mögen inzwischen die gesetzlich normierten Verhandlungen
bezüglich der Erneuerung der Quotenleistungen der beiden
Reichshälften zu den gemeinsamen Ausgaben Österreich-Ungarns
den erwünschten gedeihlichen Verlauf nehmen, wozu von diesseits die sichere und energische Hand in der Führung seitens
des Ministeriums Badeni dem freundlichen Entgegenkommen
von jenseits die Bahn sichert, möge vor allem das in Konception und Ausführung gleich vollendete Werk der Millenniumsausstellung in wohlverdienter Weise voll und ganz ge-
lingen, möge das sprichwörtliche „Kaiserwetter" während der
Budapester Sommerfeste vorhalten, namentlich aber am Tage
der glanzvollen Huldigungsfeier und da das entzückende be-
zaubernde Panorama, von der Königsburg die Donau auf
und nieder über das reichgeschmückte Häusermeer der königlich-
ungarischen Reichshaupt- und Residenzstadt hin, duftig ver-
klärend beleuchten. Das walte Gott!

14\*

# Zur Millenniumsfeier.

Aus Budapest berichtet man der Kais. Wiener Zeitung unterm 9. April über die letzten Vorbereitungen zur Millenniumsfeier, über das Programm der Festlichkeiten und den am 8. Juni an die beiden Häuser des Reichstages zur Vorlage gelangenden Gesetzentwurf zur Inartikulierung des Andenkens der tausendsten Jahreswende der Landesgründung wie folgt:

Die Landes=Kommission für die Millennar=Feierlichkeiten hielt heute unter dem Präsidium Koloman Szélls eine Sitzung ab, welcher seitens der Regierung Ministerpräsident Freiherr von Bánffy beiwohnte. Der Präsident legte eine Zuschrift des Ministerpräsidenten vor, in welcher derselbe mitteilt, daß er alle Vorbereitungen zu den Feierlichkeiten getroffen habe und daß nunmehr als gesichert angenommen werden könne, daß sich die Feierlichkeiten in der großen Bedeutung des Anlasses und einer des Königs und der Nation gleich würdigen Weise gestalten werden. Die Zuschrift führt sodann die endgiltig festgestellte Reihe jener Festlichkeiten an, an welchen sowohl Se. Majestät als auch beide Häuser des Reichstages teil nehmen werden. Die Regierung würde es als würdigste Form des die Feierlichkeiten einleitenden staatsrechtlichen Aktes halten, wenn der Reichstag noch im Laufe dieses Monats den Entwurf eines solchen Gesetzes verhandeln

und mit einer des Anlasses würdigen Einmütigkeit annehmen
würde, durch welches nebst der Erinnerung an vergangene
Zeiten und der Offenbarung der religiösen Pietät der Nation
das Andenken des Millenniums und des zwischen der Krone
und der Nation auf Grund des gegenseitigen Vertrauens und
der Treue bestehende feste Band bei dieser Gelegenheit in
unserem Gesetzbuche inartikuliert würde.

Am 2. Mai wird die Landes-Ausstellung eröffnet und
am Abend desselben Tages eine Festvorstellung im Opernhause
stattfinden. Am 3. Mai wird in der Mathias-Kirche ein
feierliches Te-Deum abgehalten und am 18. Mai eine Festvorstellung im National-Theater veranstaltet werden. Am
5. Juni werden die heilige Krone und die Krönungs-Insignien
in feierlicher Weise in die Krönungskirche überführt werden.
Am 6. Juni findet die Grundsteinlegung des königlichen
Schlosses statt. Am 8. Juni wird das oben erwähnte und
mittlerweile zu sanktionierende Gesetz in einer gemeinsamen
Sitzung beider Häuser des Reichstages verlesen werden. Dann
begiebt sich der Reichstag in das königliche Schloß, um Sr.
Majestät seine Huldigung darzubringen und begleitet ebendahin
die heilige Krone, welche für die Dauer der gemeinsamen
Sitzungen in den Sitzungssaal des Reichstages gebracht werden
wird. Am 27. Juni findet die Einweihung des in Pußtaßzer
gebauten Denkmals statt, an welcher Feierlichkeit eine Reichs-
tags-Deputation teil nehmen wird. Neben den im Laufe der
Monate Juli und August in der Haupt- und Residenzstadt
wie in der Provinz abzuhaltenden gesellschaftlichen Veran-
staltungen und den Einweihungsfesten der Denkmäler, namentlich des Maria Theresia-Denkmals in Preßburg, welches am
13. September in Anwesenheit Sr. Majestät eingeweiht wird,
besitzt die für den 27. September festgesetzte Feier eine größere,
weil internationale Bedeutung, indem an diesem Tage das
Eiserne Thor in Anwesenheit der benachbarten Herrscher dem

Verkehre übergeben werden wird. Am 4. Oktober wird die
Donau-Brücke am Zollamtsplatze eröffnet, am 11. Oktober
das Kunstgewerbe-Museum eingeweiht werden. Am 31. desselben Monats finden die Millennar-Feierlichkeiten mit der
Schließung der Ausstellung ihren Abschluß.

Die Zuschrift des Ministerpräsidenten ersucht sodann die
Landes-Kommission, von dem obigen Programme dem Abgeordnetenhause Bericht zu erstatten, und erwähnt, den Gesetzentwurf nach erfolgter Verhandlung seitens der Kommission
dem Abgeordnetenhause behufs verfassungsmäßiger Behandlung
unterbreiten zu wollen.

Den Gegenstand der gemeinsamen Sitzung, welche am
8. Juni im Kuppelsaale des neuen Reichstagsgebäudes abgehalten werden wird, bildet nebst einer kurzen Eröffnungsrede,
welche mit Rücksicht darauf, daß der derzeitige Präsident des
Magnatenhauses bei derselben Gelegenheit als Kronhüter eine
besondere wichtige staatsrechtliche Funktion verrichten wird,
der Vicepräsident des Magnatenhauses hält, einzig und allein
die Verlesung des erwähnten Gesetzes. Vor Sr. Majestät wird
der Präsident des Abgeordnetenhauses die Huldigung der Gesetzgebung verdolmetschen.

Nach der Verlesung dieser Zuschrift und des beigeschlosse-
nen Gesetzentwurfes erklärten die anwesenden oppositionellen
Abgeordneten, daß sie den Gesetzentwurf annehmen. Dieselben
machten bezüglich der Stylisierung einige Bemerkungen. Sodann wurde der Gesetzentwurf in folgender Stylisierung einstimmig angenommen:

Gesetzentwurf zur Inartikulierung des Andenkens der
tausendsten Jahreswende der Landesbegründung:

„Der ungarische Staat begeht im Jahre 1896 das Fest
der tausendsten Jahreswende seiner Begründung und seines
Bestandes. Die Gesetzgebung verewigt im Folgenden das Andenken dieses Festes: 1. Die Gesetzgebung der Länder der

heiligen ungarischen Krone dankt mit religiöser Andacht der
göttlichen Vorsehung dafür, daß sie das von Arpád und seinen
tapferen Kriegerscharen begründete Vaterland in ihren Schutz
genommen, seine Fürsten mit Weisheit, sein Volk mit Kraft
und selbstaufopfernder Vaterlandsliebe gesegnet und dem Lande
in guten wie in bösen Geschicken beistehend, den Bestand desselben ein Jahrtausend hindurch inmitten vieler Gefahren und
Schicksalsschläge aufrechterhalten hat. 2. Bei dieser feierlichen
Gelegenheit erscheinen beide Häuser des Reichstages mit tiefster
Huldigung vor Sr. kaiserlichen und Apostolisch königlichen
Majestät Franz Joseph I., unter dessen glorreicher Regierung
die verfassungsmäßige Freiheit und die ungestörte Entwicklung
des Landes gesichert sind. Der Apostolische König von Ungarn und dessen Nebenländern giebt seinerseits sein unver-
brüchliches Vertrauen zur Treue seines geliebten Volkes kund.
Dies sind die festen Grundlagen jener segensreichen Harmonie,
deren Kraft zugleich ein Unterpfand des sicheren Fortschrittes
der künftigen Jahrhunderte bildet. 3. Mit diesen Kundgebungen der Pietät, der Huldigung und der königlichen Ge-
wogenheit inartikuliert die Gesetzgebung das Andenken an den
tausendjährigen Bestand des ungarischen Staates für ewige
Zeiten im Gesetze. 4. Dieses Gesetz tritt am 8. Juni 1896,
als am Tage der Jahreswende der ruhmvollen Krönung Sr.
kaiserlichen und Apostolisch königlichen Majestät, in Kraft.
An demselben Tage ist es sowohl in der gemeinsamen Sitzung
beider Häuser des Reichstages zu verlesen, als auch in allen
Gemeinden der Länder der ungarischen Krone zu veröffent-
lichen und in Stein gegraben im Reichstagsgebäude zu ver-
ewigen."

Sämtliche in der Zuschrift des Ministerpräsidenten ent-
haltenen Anträge wurden von der Kommission angenommen.

Druck von Greßner & Schramm, Leipzig.